南通大学人文社科精品著作出版基金资助

Internet, Internet Intensity of Manufacturing Industry and

China's Manufacturing

Industry Participating in Global Value Chains

互联网、行业网络密集度与
中国制造业全球价值链分工

盛新宇 ◎著

中国财经出版传媒集团

经济科学出版社

Economic Science Press

·北京·

图书在版编目（CIP）数据

互联网、行业网络密集度与中国制造业全球价值链分
工／盛新宇著 . -- 北京 ： 经济科学出版社，2024. 9.
ISBN 978 - 7 - 5218 - 6132 - 7

Ⅰ. F426. 4

中国国家版本馆 CIP 数据核字第 2024ET2492 号

责任编辑：程辛宁
责任校对：杨 海
责任印制：张佳裕

互联网、行业网络密集度与中国制造业全球价值链分工
HULIANWANG, HANGYE WANGLUO MIJIDU YU
ZHONGGUO ZHIZAOYE QUANQIU JIAZHILIAN FENGONG

盛新宇 著

经济科学出版社出版、发行 新华书店经销
社址：北京市海淀区阜成路甲 28 号 邮编：100142
总编部电话：010 - 88191217 发行部电话：010 - 88191522
网址：www. esp. com. cn
电子邮箱：esp@ esp. com. cn
天猫网店：经济科学出版社旗舰店
网址：http：//jjkxcbs. tmall. com
固安华明印业有限公司印装
710×1000 16 开 13. 5 印张 200000 字
2024 年 9 月第 1 版 2024 年 9 月第 1 次印刷
ISBN 978 - 7 - 5218 - 6132 - 7 定价：82. 00 元
（图书出现印装问题，本社负责调换。电话：010 - 88191545）
（版权所有 侵权必究 打击盗版 举报热线：010 - 88191661
QQ：2242791300 营销中心电话：010 - 88191537
电子邮箱：dbts@ esp. com. cn）

全球价值链分工事实上已经成为各国制造业参与国际分工的主流形式，从各个视角探寻优化中国制造业参与全球价值链分工表现的动力源，提升制造业国际竞争优势，已然成为中国当前及未来一个阶段对外贸易高质量发展的重点任务。而相关研究指出，互联网的发展既为全球价值链分工模式的形成提供了关键前提，又进一步促进了全球价值链分工的深化。与此同时，在中国对外贸易发展过程中，互联网的建设也同样扮演着关键角色，互联网对价值链分工机制转变、产业融合发展等形成的显著影响正为中国向全球价值链高端环节攀升提供绝佳机会。基于互联网发展视角，积极探究优化中国制造业价值链分工表现的动力机制，明确互联网发展所形成的重要影响和作用路径，符合探寻中国对外贸易高质量发展新动能的实际需求，也与中国当前对外贸易发展态势相契合。而从行业视角出发，分析互联网发展对行业所赋予的优势及其在互联网发挥作用过程中所形成的影响也同样值得重点关注。

本书在此背景下，基于网络经济理论、贸易成本理论以及全球价值链分工理论等，从双边及行业视角出发，探究互联网发展对中国制造业全球价值链分工表现所形成的影响，并进一步观察制造行业网络密集度在互联网影响制造业全球价值链分工过程中所形成的关键作用，以期在当前信息技术快速发展的背景下，基于现有互联网对国际贸易分工影响的研究成果，进一步探寻优化中国制造业参与全球价值链分工表现的新动能。

本书的研究共包含七章内容。第一章为绪论。主要介绍了本书研究的背景与意义，本书对已有研究成果的综述与评价，以及本书研究的框架、方法、创新性与不足等。第二章为互联网发展对全球价值链分工影响的理论分析。重点梳理了本书研究所涉及的几个关键变量的经济学内涵，总结介绍了研究工作展开所依据的基础理论内容，同时就互联网对国际贸易、全球价值链分工的影响开展机制分析。第三章为中国互联网发展水平与制造业价值链分工表现评价。首先对核心变量的评价方法进行介绍，并基于可获得样本数据，对中国与主要伙伴国互联网发展水平、中国制造业价值链分工表现，以及世界样本范围内制造行业网络密集度水平展开测算与比较分析。第四章至第六章为本书研究的实证部分。本书结合对已有研究工作的总结以及理论机制的分析结论，构建计量模型，分别从增加值出口贸易、双边价值链关联，以及全球价值链分工地位三个视角出发，就互联网对中国制造业价值链分工表现的影响展开分析，同时探究制造行业网络密集度在此过程中所形成的作用。在此基础上，本书进一步开展稳健性和异质性检验工作，并就互联网影响形成的作用机制及其可能存在的深层次影响展开拓展分析。第七章为结论与政策启示。本书基于前期各章节的分析工作，就互联网发展对中国制造业全球价值链分工表现的影响进行总结，并基于全书结论，为中国进一步优化制造业全球价值链分工表现、构筑对外贸易转型升级新动能总结相关政策启示。

　　基于理论与实证分析，本书最终得出的主要结论可总结如下：第一，互联网发展水平的提升有助于中国制造业增加值出口贸易的增长，也有利于中国强化与伙伴国的双边价值链关联程度并提升中国制造业在伙伴国市场中的分工地位，从而证明发展互联网确实能够显著优化中国制造业价值链分工表现。第二，在互联网优化中国制造业价值链分工表现的过程中，制造行业网络密集度同样发挥着显著影响，中国互联网发展水平与制造行业网络密集度水平差距越小，越有利于互联网促进作用的发挥，中国制造业价值链分工表现也越优。第三，由于制造行业内部差异化程度差别的存在，互联网的影响存在显著的差异性，中国互联网发展水平与制造行业网络密集度水平差距的影响也会表现出一定的异质性。第四，互联网的发展主要通过贸易成本削减机制来实现对中国制造业增加值出口以及双边价值链关联的促进作用，而针对中国制造业价值链分工地位，互联网发展的正向影响主要是通过扩大中国制造业增加值中间价值出口优势来实现的。第五，发展互联网还能缓解中国在制造业增加值出口过程中所面临的先动优势竞争压力，并能降低中国在伙伴国市场中面临的制造业价值链梯度关联压力，从而促进中国制造业后发优势的提升，为进一步优化中国制造业价值链分工表现构筑持续而强劲的驱动力。

　　本书的研究从互联网发展视角切入，形成了专门针对全球价值链分工的系统研究成果。同时，本书着眼于中国问题，旨在形成针对中国问题的专项研究成果，研究工作有助于为探寻中国攀升全球价值链高端环节的新动能提供新视角。开展研究的过程中，本书将熵值赋权法引入互联网发展水平综合评价工作中，测评工作更具客观性。与此同时，本书基于已有研究，进一步构建了衡量制造行业网络密集度的新指标，密集度指标的测算与评价便捷可行，有助于本书明确各制造行业对互联网赋予优势的依赖程度，而研究证实行业网络密集度的关键影响也进一步丰富了互联网贸易促进效应的理论研究内容。

目　录

第一节　研究背景与意义

一、研究背景

全球价值链分工事实上已经成为各国制造业参与国际分工的主流形式，而明确中国制造业参与全球价值链分工的典型事实，从各个视角探寻提升制造业国际竞争优势的动力源，依旧是中国当前及未来一个阶段对外贸易高质量发展的重点任务。与此同时，国内有关学者针对中国问题的观察总结指出，中国对外贸易新旧动能转换的重要表现之一在于互联网与跨境电商深度改变了全球价值链体系中的分工模式，为中国向全球价值链高端环节攀升提供了绝佳机会（裴长洪和刘斌，2019）。因此，结合当前中国参与国际贸易分工的事实，从互联网视角切入，积极探究优化制造业全球价值链分工表现的动力机制，提升中国制造业国际竞争优势，并进一步明确互联网对制造业参与全球价值链分工的重要影响和作用路径，符合探寻中国对外贸易高质量发展新动能的实际需求，也与中国当前对外贸易发展态势相契合。

当然，如果从全球价值链分工特征来看，互联网发展所形成的影响也早有体现，互联网的发展既是全球价值链分工模式形成的关键前提，又为全球价值链分工的深化提供了重要驱动力。一方面，随着互联网等信息技术的发展，信息沟通成本显著下降，跨国协作过程中复杂生产的远距离协调成为可能，同时，便捷的信息通信提升了分工主体的控制能力，降低了国际生产链中技术与劳动要素跨国结合的成本和风险（Baldwin，2012），使得带有技术外溢性质的国际垂直分工逐步深化，全球价值链分工模式得以形成发展。另一方面，从 20 世纪 70 年代开始发展至今，互联网的内涵已远远突破技术和产业范畴，互联网事实上已经成为社会经济发展的重要组成部分和关键驱动力（韩先锋等，2019），以互联网为代表的信息技术进一步为全球价值链的深化发展提供了新动力，在日趋复杂的国际生产链条上，基于高效便捷的互联网通信，跨国生产的组织协调变得更加有效，复杂的中间品跨境交易以及产品的多次价值往来所面临的成本及不确定性将大大降低，全球价值链分工的深度及广度将进一步拓展。

而事实上，除关注互联网对全球价值链分工的总体影响外，聚焦制造行业参与国际分工问题，互联网发展对行业所赋予的优势及其在互联网发挥作用过程中所形成的影响同样值得重点关注。从互联网对制造行业的影响来看，无论是将互联网的使用视为企业、行业生产要素或基础设施等的投入，还是直接观察互联网发展对制造行业所赋予的优势，互联网的影响可以同其他要素一样表现在行业的发展过程中，具体体现为制造行业的网络密集度或信息化密度（李坤望等，2015）。并且，制造行业网络密集度水平的高低将会进一步影响制造业自身的竞争力水平，同时，会对互联网影响的发挥形成明显的限制作用。一方面，制造行业网络密集度水平的提升有助于其深度参与全球价值链分工（张辽和王俊杰，2020），并促进出口增长，行业参与国际竞争的优势进一步明显。另一方面，由于行业自身存在网络密集度，互联网发展对制造业影响的发挥很可能会受到不同程度的限制。正如已有针对制度密集度问题的研究所发现的，当制度水平与行业制度密集度存在明显差距时，制度改进对行业国际竞争优势的影响将明显降低（孙楚仁等，

2018）。而同样，当互联网发展水平与制造行业网络密集度水平存在显著差距，即互联网的发展与行业自身发展特征并不匹配时，互联网对制造行业参与全球价值链分工所带来的影响也将明显受限。这就决定了，探究互联网影响中国制造业全球价值链分工的过程中，除关注互联网对制造业全球价值链分工所形成的直接影响外，还应当充分考虑行业网络密集度在此过程中所形成的关键作用。

显然，无论是从中国实际出发，还是从全球价值链分工的自身特征来看，分析论证互联网对中国制造业参与全球价值链分工的重要影响，对于探寻优化中国制造业参与国际分工表现的新动能有显著的现实意义，也符合当前国际主流分工形态的事实特征。而在此过程中，除明确互联网发展的直接影响外，制造行业网络密集度是否对互联网作用的发挥形成限制作用同样值得关注。基于此，本书结合已有研究，就互联网对中国制造业全球价值链分工表现的影响开展探究，并进一步明确行业网络密集度在此过程中所形成的显著作用，以通过理论和实证分析，从行业视角切入，充分论证互联网对全球价值链分工的主要影响机制，探寻互联网对中国制造业参与全球价值链分工表现的具体作用。

二、研究的理论意义

第一，有助于从互联网经济视角丰富贸易成本理论的研究工作。从现有研究来看，当前国际贸易所面临的外部成本制约主要包含由地理位置、运输距离等因素形成的交易成本，以及因产品多样化、贸易伙伴多元化而形成的信息搜寻成本、交流匹配成本等，这些固有的及因贸易发展而形成的贸易成本正深刻影响着国际贸易的进一步发展。而随着各国关税的进一步削减、贸易自由化发展以及国际物流运输效率的提升，传统贸易成本的边际影响正逐步下降，信息成本、搜寻成本对贸易的影响则显著提升（刘斌和顾聪，2019）。与此同时，互联网等信息技术的进步又通过信息成本削减效应对国际贸易形成重要影响（Anderson & van Wincoop，2004），并在促进国际贸易增长方面发挥着关键作用。本书基于互联网经济理论，探讨互联网对贸易成本、交易效率等的影响，并在全球价值链分工背景下论证互联网对参与国际分工的显著作用，研究工作直指当前国际贸易交易成本所面临的关键问题，在理论上进一步丰富了贸易成本理论的相关研究内容。

第二，进一步丰富了互联网与全球价值链分工关系的理论研究内容。当前，全球价值链分工模式不断深化发展，但与传统贸易不同的是，价值链分工对跨国生产链条上的信息沟通提出了更高、更为严苛的要求，而互联网的发展为提升信息交流效率、降低信息交流成本等提供了关键渠道。同时，已有研究也已开始关注互联网对全球价值链分工影响的问题，尤其注重双边互联网连接对此产生的作用（刘斌和顾聪，2019）。但从现有研究来看，有关互联网与全球价值链分工的研究成果仍待补充，关注互联网发展对价值链分工影响的研究亟待拓展。本书着眼于互联网的建设及发展，探究互联网对增加值贸易、双边价值链关联以及价值链分工地位等的影响，研究工作有助于丰富对系列问题的探索成果。

第三，有助于进一步丰富中国对外贸易转型升级新动能的理论研究内容，为明确中国优化价值链分工表现的动力机制提供理论参考。中国对外贸易新旧动能转化已释放出强劲动力，而在新旧动能转变过程中，互联网的建设与发展往往扮演着关键角色，发展互联网对价值链分工机制转变、产业融合发展等存在着显著而深刻的影响（裴长洪和刘斌，2019）。本书基于已有研究成果，进一步探讨互联网发展对中国制造业参与全球价值链分工的影响，并明确互联网发挥作用的主要机制，研究工作有助于进一步丰富中国对外贸易转型升级新动能的理论研究内容，也能为中国进一步推进制造业攀升全球价值链高端环节、实现对外贸易高质量发展提供直接的理论借鉴。

三、研究的现实意义

第一，有助于为中国进一步优化参与全球价值链分工表现提供直接参考。明确当前中国参与全球价值链分工的事实，探索进一步优化中国参与价值链分工表现的关键因素与主要路径，有助于实现中国全球价值链分工地位的进一步攀升，并能在全球价值链分工模式下进一步助力中国与主要贸易伙伴间的优势互补与互利共赢。本书从互联网视角出发，探究优化价值链分工表现的动力机制，并基于中国与主要贸易伙伴国制造业样本数据，通过实证分析论证互联网对中国制造业参与全球价值链分工的重要影响和作用路径，研究结论更具针对性，更能够为中国进一步提升国际分工的竞争力、加强全球价值链分工模式下中国与主要伙伴国双边贸易合作关系提供直接参考。

第二，有助于为中国提升制造业国际竞争力，坚定不移建设制造强国提供经验参考。保持制造业比重基本稳定，提升制造业国际竞争力，坚定不移建设制造强国依旧是中国下一阶段经济发展的重点任务之一。当前，全球价值链分工事实上已经成为各国制造业参与国际分工的主流形式，而立足中国问题，从互联网视角探寻优化中国制造业参与全球价值链分工表现的新动能，既符合当前国际主流分工形态的事实特征，又能在明确中国对外贸易新旧动能转换事实的基础上满足探寻制造业高质量参与国际竞争动力源的现实需要。本书的研究基于中国与主要贸易伙伴国制造业价值链贸易数据展开，研究工作围绕探寻优化中国制造业参与全球价值链分工表现的动力源开展分析，研究内容立足中国实际总结中国制造业参与全球价值链分工的基本经验，研究结论对中国进一步提升制造业参与全球价值链分工的竞争力、高质量建设制造强国有显著的现实意义。

第三，有助于基于中国实践，总结中国对外贸易转型升级新动能的作用机制和实践经验。互联网对中国对外贸易的促进作用已在现有研究中获得广泛证实，进一步讨论互联网对中国制造业参与全球价值链分工的影响，并从中国制造业增加值贸易、双边价值链关联、价值链分工地位等方向进行拓展，深化互联网对中国制造业参与国际贸易分工的影响及作用机制研究，丰富中国发展互联网所形成的贸易效应研究内容，有助于在明确互联网作为中国对外贸易转型新动能的基础上，进一步总结新动能的作用机制、实践效果及对产业参与价值链分工影响的差别，为中国对外贸易的进一步发展提供经验借鉴。

第二节 文 献 综 述

一、互联网发展水平评价方法及其经济效应的研究

当前，互联网的内涵已远远突破技术和产业范畴，互联网事实上已经成为社会经济发展的重要组成部分和关键驱动力，正如韩先锋等（2019）所指出的，互联网与社会诸多领域的融合已成为当前经济发展的主流趋势。在此背景下，明确互联网发展与经济增长的关系，探索互联网影响经济运行的内在机制成为学界研究的重要课题内容之一，而正确认识互联网发展的经济学内涵，科学建立互联网发展水平的量化评价体系则是探索互联网经济促进效应的首要前提。从现有研究来看，广大学者已从各个视角对互联网发展水平开展了广泛测评，并形成了一系列值得借鉴的评价方法，相关评价结果已有效应用于互联网经济效应的实证分析工作中，互联网发展对经济增长影响的研究工作也获得深入推进。

进一步从代表性文献来看，在针对互联网发展水平评价的工作中，学界主要从互联网设施建设、互联网普及程度（深度与广度）、互联网连接、企业运营的"互联网化"等角度来衡量区域、行业或企业的互联网发展水平。有关互联网发展水平的代表性评价方法、数据层级、数据来源以及代表性文献如表1-1所示。

表 1 - 1 互联网发展水平代表性评价方法

序号	代表性评价方法	数据层级	资料来源	代表性文献
1	通过计算顶级主机域名来衡量每个国家有多少个 Web 主机，对一国的网络发展质量进行量化衡量	国家	·互联网软件联盟（ISC）	·弗洛伊德和温霍尔德（Freund & Weinhold, 2004）
2	互联网发展系列指标（单一使用或综合评价）：人均互联网使用率、互联网用户数、互联网使用人数占总人数比重、居民固定宽带用户数、居民固定电话线连接数、移动通信电话订阅量、国际互联网带宽等	国家区域	·国际电信联盟（ITU）·世界银行数据库·WDI 数据	·拉帕蒂纳斯（Lapatinas, 2019）·黄等（Huang et al., 2018）·纳斯和刘（Nath & Liu, 2017）·潘家栋和肖文（2018）·潘申彪和王剑斌（2018）
3	互联网搜索频率：区域间相互（或单方面）搜索频率及排名	国家区域	·百度搜索指数	·王波和甄峰（2016）·施炳展和金祥义（2019）
4	互联网双向链接：采用雅虎（Yahoo）提供的网址，基于各个国家的国码顶级域名进行数据库构建	国家	·钟（Chung, 2011）	·施炳展（2016）·刘斌和顾聪（2019）·夏杰长和王欠欠（2019）
5	互联网投入端及产出端评价数据（单一使用或综合评价）：互联网普及率、互联网相关从业人员、人均电信业务总量、互联网用户数等	省际城市	·各地区统计年鉴·中国互联网信息中心（CNNIC）	·谭用等（2019）·黄群慧等（2019）·费尔南德斯等（Fernandes et al., 2019）
6	企业互联网化：企业是否拥有网页和公共邮箱、企业是否拥有新浪微博和企业邮箱或企业主页等	企业	·中国工业企业数据·世界银行企业调查数据、数据爬虫	·李兵和李柔（2017）·亚达夫（Yadav, 2014）·黄等（Huang et al., 2018）·沈国兵和袁征宇（2020）

根据表 1 - 1 中所示信息，在当前的研究中，有关互联网发展水平的评价方法可总结为如下几个方面。首先，基于网络建设视角，部分学者采用可获得数据，计算各国顶级主机域名数量来衡量一国的网络质量，从而对一国互联网发展水平进行量化衡量；其次，从互联网普及程度的角度来看，有关学者往往选取与互联网发展密切关联的系列指标（或其中之一）对一国或某一区域的互联网发展水平进行衡量评价，这一视角下的评价工作基础数据获取渠道相对丰富，在已有研究中的应用也最为广泛；再其次，在国家或区域层

面，除了从网络建设、互联网普及等角度衡量互联网发展水平外，相关学者同时基于单边或双边网络搜索、区域网址互联等数据来进一步评价区域间互联网连接水平，代表性的如采用百度搜索指数对中国问题开展专项研究、采用雅虎（Yahoo）提供的网址数据基于各个国家的顶级域名进行数据库构建等；最后，在微观企业层面，广大学者在探究互联网与经济发展的关系时，往往关注"企业互联网化"的问题，研究中通常通过评价企业互联网运营情况来衡量微观层面的互联网发展水平，代表性的如基于企业是否拥有网页和公共邮箱来构建企业互联网发展水平评价指标等。上述代表性研究工作为当前学界评价互联网发展水平、探索互联网发展所形成的经济效应提供了明确的方法借鉴。

在互联网发展水平评价工作持续推进的同时，互联网与经济发展关系的研究成果也在不断丰富，从现有代表性研究工作来看，学界基本证实了互联网发展对经济增长存在的显著促进作用（Choi & Yi，2009；Abdulqadir & Asongu，2021），并且，这种促进作用并非局限于发达经济体，在发展中经济体样本下，互联网发展的正向影响同样明显（Navarro，2010；Tripathi & Inani，2016）。而进一步的研究表明，除了推动经济增长，发展互联网更会对经济增长质量、生产效率、企业绩效、对外贸易等产生深刻影响。

首先，推动互联网快速发展、增强互联网基础设施建设能够显著促进一国生产力和经济复杂度水平的提升（Bertschek et al.，2016；Lapatinas，2019），继而提高一国经济增长质量。其次，随着互联网的发展，互联网所形成的生产效率促进效应也正逐步体现。虽然，1987 年罗伯特·默顿·索洛（Robert Merton Solow）曾提出"信息技术生产率悖论"，但当时的研究者尚未意识到互联网发挥作用须达到一定的临界规模（郭家堂和骆品亮，2016），而当前，互联网的蓬勃发展正显著促进生产效率的提升，发展互联网能够推动提高区域全要素生产率水平、能源利用效率、创新效率、劳动生产率等（黄群慧等，2019；郭家堂和骆品亮，2016；汪东芳和曹建华，2019；韩先锋等，2019；Najarzadeh et al.，2014）。再其次，在微观层面，企业发展互联网同样能够进一步优化企业绩效。无论是基于对中国还是其他经济体企业行为的观察，互联网的接入都能显著促进企业生产率、生产绩效水平等的提升，这一结论已在格兰姆斯等（Grimes et al.，2012），以及杨德明和刘泳文（2018）的研究中获得证实。最后，值得注意的是，互联网的发展已逐步对经济全球化和对外贸易形成深刻影响，正如弗里德曼（Friedman，1999）所指出的，新的信息技术能够把世界编织得更加紧密，而加速互联网发展，能够显著促进一国出口增长，并加强一国与伙伴国之间的贸易关联（Freund & Weinhold，2004；刘斌和顾聪，2019）。当然互联网发展对经济的影响并不局限于以上几个方面，发展互联网对消费、就业、供应链乃至经济增长所引发的环境问题等同样有显著影响（Pantea & Martens，2014；Stevenson，2008；Ghose et al.，2007；Salahuddin et al.，2016）。可以明确的是，互联网的发展已深刻影响着经济运行机制，发展互联网必将对经济增长方式、经济发展质量、对外贸易关系等形成重要而深刻的影响。

上述代表性研究成果表明，在当前互联网快速发展的背景下，互联网对经济发展的影响已获得学界的广泛关注，互联网发展水平的量化评价方法已基本形成，代表性评价方法被广泛应用于互联网与经济、贸易等各方面关系的实证研究中，已有研究也已基本证实了互联网对经济发展的显著影响。在现有研究基础上，继续充分挖掘互联网影响经济发展的内在机制，探索高效利用互联网推动经济、贸易发展的有效措施有着显著的现实意义和必要性，而进一步深化互联网与经济、贸易关系的研究工作也已具备了基本的方法条件和理论前提。

二、互联网发展对国际贸易分工的影响研究

梅杰斯（Meijers，2014）在探究互联网发展对经济增长影响的过程中发现，互联网首先作用于对外贸易，而对外贸易的增长又进一步促进了经济增长，互联网对开放型经济增长的影响显著。这一发现事实上证明了在互联网影响经济增长的过程中，对外贸易往往首先受到互联网的推动作用，甚至成为互联网影响经济的关键渠道之一。而现有研究也早已聚焦互联网对国际贸

易的直接影响，并重点就互联网影响国际贸易的作用机制及异质性表现等进行了深入探讨。

（一）互联网对国际贸易增长的影响及其作用机制

在互联网影响国际贸易增长问题上，已有代表性研究成果基本证实发展互联网有助于促进国际贸易规模扩张，即互联网对国际贸易增长呈现显著的正向作用，并且这种正向作用在货物贸易以及服务贸易领域均有所体现（Yushkova，2014；Choi，2010；Gani & Clemes，2013；韩玉军和李子尧，2020）。而进一步的研究发现，互联网之所以能够促进国际贸易增长主要是因为发展和应用互联网能够有效降低国际贸易成本，为进出口贸易的进一步扩张提供强劲驱动力。一方面，已有研究发现，发展互联网能够降低一国对特定市场的出口固定成本，同时也会显著削减对外贸易的可变成本，继而为对外贸易的增长提供强劲驱动力（Freund & Weinhold，2004；Wang & Choi，2019；范鑫，2021）；另一方面，在对外贸易交易过程中，由于互联网信息通信的支持，买卖双方信息成本显著下降，信息交流效率显著提升，相关研究证实，互联网的应用可通过降低交易者信息成本来实现对贸易的正向影响（Lin，2015）。正是基于贸易成本削减机制，互联网的发展对国际贸易增长呈现出显著的促进作用，并且这种促进作用在某些地区依旧呈现出明显的扩大趋势，正如张奕芳（2018）的研究所发现的，具备高效率、低成本特点的互联网所带来的贸易福利甚至可以弥补中国因人口红利削减而造成的贸易福利损失。

此外，在微观层面，互联网对企业对外贸易行为的影响也同样显著（Ricci & Trionfetti，2011）。一方面，互联网的使用同样降低了企业的贸易成本（施炳展，2016），促进了企业对外贸易扩张。另一方面，企业使用互联网工具还能有效获取市场信息，并实现买卖双方的高效对接。相关学者认为，推动互联网连接，提升互联网营销能力，可以使得企业更容易与国外卖家沟通，并获取出口市场消费者和产品标准的信息，而这些基于互联网所获得的市场信息会提升企业对外贸易效率，促进企业对外贸易扩张（Clarke，2008；Bianchi & Mathews，2016）。此外，互联网的发展也为企业与外国客户匹配提供了新渠道（Timmis，2013；Fernandes et al.，2019），从而奠定了企业对外贸易扩张的前提基础。当然，互联网对企业对外贸易行为的影响并不局限于此，发展和应用互联网还可以进一步提升企业的管理和创新水平，并强化其参与国际贸易分工的综合实力。梅尔策（Meltzer，2015）的研究就认为互联网的发展还为企业提供了利用互联网管理全球供应链的机会，而沈国兵和袁征宇（2020）则发现，企业发展互联网能够促进其创新选择行为，并进一步推动出口贸易的增长。

显然，从现有研究来看，无论是在宏观还是微观层面，互联网对国际贸易增长的促进作用已基本被证实，发展互联网有助于为国际贸易的增长提供强劲驱动力。而互联网促进作用的发挥主要是通过降低贸易成本或提升国际贸易过程中信息获取效率来实现的，这一作用机制已在学界的研究中获得一致认可。

（二）互联网对双边贸易往来的影响及其作用机制

在关注互联网发展对国际贸易增长影响的过程中，相关研究立足双边贸易，从一国或双边互联网发展视角出发，进一步论证了互联网对双边贸易规模所带来的作用。从现有研究来看，互联网对双边贸易的影响也已基本获得证实，发展互联网有助于促进双边贸易规模增长。李（Lee，2012）较早地证实了这一问题，其研究基于跨国面板数据，通过实证分析发现，互联网对双边贸易存在显著的正向作用，并且这种正向作用在制造品及服务贸易领域都具有显著性，而尤什科娃（Yushkova，2014）、斯万等（Swan et al.，2020）的研究也得出了相似的结论，其认为使用互联网有助于刺激双向出口的增长。此外，相关研究也证实，互联网对双边贸易增长的正向作用同样是基于成本削减机制来实现的，当互联网引入进出口贸易过程后，贸易成本显著降低，双边贸易规模则有明显提升（Osnago & Tan，2016）。这种效应在中国与共建"一带一路"国家的贸易往来中也普遍存在，赵维等（2020）证实了共建"一带一路"国家互联网基础设施建设有利于降低双边贸易成本，进一步扩大中国与共建国家贸易往来。

在初步证实互联网对双边贸易增长影响的同时，部分学者发现，充分考虑贸易双方互联网建设水平或双向信息互联能更为全面地把握互联网对双边贸易的影响。首先，无论是聚焦双边互联网建设还是贸易双方双向信息互联，贸易双方发展互联网均会对双边贸易产生重要影响。一方面，贸易双方共同推进互联网发展，双边互联网基础设施以及信息的双向互联将对双边贸易规模的扩大产生积极而重大的影响（Vemuri & Siddiqi，2009；潘家栋和肖文，2018；Epo & Nguenkwe，2020），并且这种影响不仅局限于货物贸易领域，在旅游等服务贸易领域也同样表现得十分显著（夏杰长和王欠欠，2019）；另一方面，双边互联网发展差距过大又会对贸易规模形成制约，潘申彪和王剑斌（2018）的研究指出，互联网对中国与共建"一带一路"国家的贸易有显著影响，但中国与共建"一带一路"国家互联网发展水平差距往往又会对中国的出口形成限制作用。其次，贸易双方发展互联网还会进一步影响双边贸易的增长结构，并且由于双边互联网发展差异的成因不同，互联网对双边贸易的促进作用也会表现出差异性。孟祺（2017）的研究就指出，一方面，出口国互联网普及率往往会对双边贸易有决定性影响，但如果贸易双方互联网普及率相似，尤其是贸易双方均实现较高的互联网普及率时，买卖双方更容易实现对接，并且互联网对贸易流量、扩展边际和集约边际都具有积极效应；另一方面，倘若贸易双方互联网差距主要是由于出口国水平过高导致时，双边贸易仍可获得增长，而如果贸易双方互联网发展差距是因为进口国水平较高导致时，双边贸易往往会受到明显制约。

上述这些代表性研究成果进一步深化了互联网对国际贸易影响的研究工作，现有研究观点表明，互联网的发展不仅对单边贸易有显著影响，更能够进一步作用于双边贸易的增长。与此同时，在考虑互联网对国际贸易尤其是双边贸易影响的过程中，研究工作不仅要关注贸易一方的互联网建设水平，更应该聚焦贸易双方的双向互联或者双边互联网建设的相对水平。

（三）互联网对贸易转型升级的影响及其作用机制

伴随着研究工作的深入，除关注互联网对贸易增长的影响外，现有研究开始进一步论证互联网对国际贸易转型升级的影响，并重点在互联网影响国际贸易增长边际、贸易产品结构、贸易模式、国际贸易分工地位或竞争力等问题上做出了广泛而有益的探索。

根据现有研究，就贸易增长边际来看，互联网的潜在影响事实上已经在推动国际贸易增长的过程中有所体现，这种影响不仅表现在宏观领域，更在微观企业层面被初步证实。宏观层面，维瑟（Visser，2019）就曾发现，提升互联网普及率有助于促进高低收入国家间贸易的扩展边际；而针对中国问题，加强中国与伙伴国的互联网双向网址链接或提升中国自身的互联网发展水平，中国出口的增长广度、数量边际以及出口目的地扩展边际等也均能获得有效提升（张奕芳，2017；Huang et al.，2018）。微观层面，学界基于对企业电子邮件、自有网站、eBay 等互联网平台使用情况的考察评价企业互联网发展水平，并同样证实了发展互联网有助于企业扩展边际、质量边际等的提升（Yadav，2014；Lendle & Vézina，2015；Huang & Song，2019）。

当然，除增长边际外，发展互联网也会显著影响对外贸易的产品结构、贸易模式等。就产品结构所受的影响来看，相关研究证实互联网或者以互联网为代表的信息技术发展有助于提升贸易产品的差异化水平，并进一步提高出口贸易密集度。就贸易产品的差异化水平所受影响来看，唐（Tang，2006）就曾发现，信息技术的发展显著提升了美国商品进口的差异化水平，而近年来现代通信技术也促使小经济体从出口同质商品转向出口越来越多的差异化商品，互联网发展使得贸易商品的差异化程度显著提升；石良平和王素云（2018）在证实互联网促进贸易增长的同时也发现，互联网对中国消费品进口的影响最为明显，发展互联网能够促进国外优质产品进入国内市场，拓展消费者选择范围；当然，服务贸易领域，互联网对出口多样化、差异化的影响也同样显著（Gnangnon，2020）。此外，李兵和李柔（2017）还发现，互联网在显著促进企业出口增长的同时，也会提高企业出口密集度。而从贸易模式所受影响来看，互联网的优化作用同样十分明显。施炳展和金祥义（2019）曾用互联网搜索频数来衡量注意力配置情况，并证实注意力配置会促进中国的出口贸易，优化中国的贸易结构和对外贸易模式。同时，发展互联网还会影响跨境电商的规模及结构占比，使得对外贸易方式持续优化（鞠雪楠等，2020）。

在证实互联网对进出口贸易增长边际、产品结构及贸易模式有显著影响的同时，部分研究还发现，互联网对国际贸易分工的地位或竞争力也存在着重要影响。一般认为，参与国际贸易分工过程中，一国的贸易价格条件、出口技术复杂度水平和贸易产品质量等往往是反映该国参与国际贸易分工地位及竞争力的关键评价指标（姚枝仲，2019；Hausmann et al.，2007；祝树金等，2019）。而根据现有研究，发展互联网同样会对一国在贸易竞争力等方面的表现形成显著的影响，例如，谭用等（2019）就曾证实，当互联网降低信息交流成本从而促进贸易成本下降时，中国的进口价格及其离散度均会明显下降。而针对出口技术复杂度问题，学界同样证实，发展互联网会形成成本节约等效应，从而进一步提升一国企业、行业的出口技术复杂度（岳云嵩等，2016；卢福财和金环，2020；李金城和周咪咪，2017）。另外，扎基（Zaki，2015）还发现互联网能有效缩短贸易时间，提升贸易效率，其研究将互联网发展纳入贸易便利化水平评价指标，并在研究中证实了互联网能有效缩短进出口时间这一关键事实。佟家栋和杨俊（2019）的研究还发现，互联网能够促进制造企业进口产品质量的提升，从而进一步推动制造企业的创新行为。

从上述研究来看，互联网不仅能有效促进贸易增长，同时也会对贸易增长边际、贸易结构以及贸易竞争力等产生深刻影响，继而促进国际贸易转型升级。并且，从总体上来看，无论是针对贸易增长边际、贸易结构还是贸易竞争力，互联网所产生的影响大多显著为正，发展互联网更多地有助于优化一国或一国企业的贸易结构，而这一作用的产生同样也主要是基于互联网降低贸易成本、信息成本，促进信息交流而形成的。关注互联网发展问题，在论证互联网促进国际贸易增长的同时进一步深入探究互联网对国际贸易转型升级影响的研究工作已具备基本的理论前提。

三、互联网发展对全球价值链分工的影响研究

当前，全球价值链分工已成为国际贸易分工的主流趋势，与传统贸易模

式相比，全球价值链分工有其自身的特殊性。一方面，全球价值链分工往往伴随着复杂的中间品跨境交易以及产品的多次价值往来，国际贸易分工模式日益细化，增加值贸易的重要性日益凸显，以贸易总值为基础的官方贸易统计工作正受到严峻挑战；另一方面，在全球价值链分工模式下，高度复杂的跨国协作过程对信息的沟通、信息的对称交流提出了更为严苛的要求，信息搜寻成本、交流匹配成本等对跨国协作的边际影响正不断提升。基于此，从全球价值链分工背景出发，在明确互联网贸易促进效应的同时，积极探索互联网对全球价值链分工的影响，形成针对全球价值链分工模式的专项成果也已成为学界研究工作的重点内容之一。

（一）互联网对全球价值链贸易的影响及其作用机制

从全球价值链分工模式形成和发展特征来看，互联网既是全球价值链分工模式产生和发展的关键前提（Baldwin，2012；王直等，2015），也是全球价值链贸易深化发展的重要驱动因素（Pomfret，2020）。正是基于此，在国际贸易增长方面，已有研究在关注互联网对国际贸易规模扩张影响的同时，逐步将研究焦点集中于互联网对全球价值链贸易形成的作用上。王欠欠和夏杰长（2018）发现互联网发展对全球价值链分工的影响主要体现在促进国外增加值和中间品出口贸易增长方面，并且互联网的发展对发展中经济体的中间品跨境贸易有更大的影响。耿伟和杨晓亮（2019）则从微观层面开展探究，证实互联网有助于降低企业成本，推动企业研发创新，从而提升企业的出口增加值率。

显然，互联网的发展已对国际贸易扩张形成了广泛而深刻的影响，这种影响不仅表现为对总贸易规模的促进作用，同时也体现在对当前全球价值链贸易增长的深刻影响方面。针对全球价值链贸易，虽然现有研究尚未形成丰富的理论成果，但已初步证实了互联网带来的显著作用，研究结论认为，无论是在宏观还是微观层面，互联网有助于全球价值链贸易的规模扩张，互联网对全球价值链贸易影响的发生仍可能是通过降低交易主体成本、推动创新来实现的。

（二）互联网对全球价值链关联的影响及其作用机制

互联网的发展能够显著促进双边贸易往来，而如果考虑全球价值链分工问题，发展互联网同样会加强分工主体在全球价值链分工中的双边关联，提升价值链关联水平。兰兹等（Lanz et al.，2018）的研究就发现，在互联网用户比例较高的国家中，中小企业往往更多地参与全球价值链分工，并且价值链前后向关联程度也会显著增强。刘斌和顾聪（2019）基于国家间互联网网址链接数据同样对互联网与全球价值链关联问题开展研究，证实互联网会降低全球价值链分工过程中的交易成本，缩短交货时间并延伸生产步长，最终促进贸易双方价值链关联，发展互联网为贸易双方价值链关联提供了重要驱动力，不过这种驱动效应因行业异质性以及价值链关联水平的差距而有所差别。

这些在全球价值链分工背景下所开展的初步研究补充了互联网对双边贸易发展影响的研究工作，推动互联网发展能够进一步促进双边贸易增长，也会显著增强全球价值链分工模式下各方主体的价值链关联程度，并且，无论是单边互联网发展还是双向互联网连接，互联网的这种影响均有显著体现。而从互联网的作用机制来看，在全球价值链分工背景下，降低交易成本仍将是互联网发生作用的关键渠道。

（三）互联网对全球价值链分工水平的影响及其作用机制

参与全球价值链分工的表现及地位是在全球价值链分工背景下衡量各国国际贸易竞争力的重要指标之一（Koopman et al.，2010；Wang et al.，2013），现有研究在关注互联网对国际贸易分工影响的同时，也就互联网与全球价值链分工问题展开了广泛探讨。首先，在宏观层面，现有研究已经初步证实了发展互联网对各国参与全球价值链分工的显著影响，并且这种影响还具有明显的外溢性。一方面，互联网的发展提升了各国全球价值链参与度，延长了各国价值链参与长度，并进一步缩短了各国在全球价值链中的最终需求距离（韩剑等，2018）；另一方面，在推进产业全球价值链分工地位攀升的同时（郭然等，2021），互联网的发展还能进一步形成空间外溢效应，拉动周边地区产业的发展（石喜爱等，2018）。而在微观层面，相关研究同样证实了企业发展互联网对其参与国际分工的显著作用。裴秋蕊（2017）的研究指出，互联网经济的发展改善了中小企业在全球价值链中的地位，并为中小企业进一步转型升级带来了重大机遇；而施炳展和李建桐（2020）的研究则证实，互联网能够通过降低企业搜寻成本来提升中国制造企业参与国际分工的水平，并且互联网的促进作用具有独立性，不会被其他如通信、运输基础设施等的作用所取代。

上述代表性研究表明，在全球价值链深化发展的今天，互联网对国际贸易分工的作用正显著扩张，并深刻影响着一国或一国企业在全球价值链分工中的表现，发展互联网，有助于提升各国全球价值链分工地位，并为企业在全球价值链中的转型升级提供强劲驱动力。

四、行业网络密集度的影响及互联网异质性作用研究

从总体上来看，互联网发展对国际贸易、全球价值链分工存在着显著的促进作用，但现有研究也指出，互联网的这种促进作用并非绝对存在，探究互联网对国际贸易分工作用时，需要充分考虑行业网络密集度对其作用发挥所形成的影响，同时也要关注因行业差别等所引致的互联网异质性作用问题。

（一）行业网络密集度对互联网贸易效应的影响研究

根据现有成果，互联网对国际贸易和全球价值链影响的发挥主要是通过降低交易成本、信息成本和提升信息交流效率来实现的，但互联网的这种影响具体能发挥多大，很可能会受到行业对互联网依赖程度或互联网发展对行业赋予优势程度的限制。从互联网对制造行业的影响来看，无论是将互联网的使用视为企业、行业生产要素或基础设施等的投入，还是直接观察互联网发展对制造行业所赋予的优势，互联网的影响可以同其他要素一样表现在行

业的发展过程中，具体体现为制造行业的网络密集度或信息化密度（李坤望等，2015），并且，制造行业网络密集度水平的高低将会进一步影响制造业自身的竞争力水平，并会对互联网影响的发挥形成明显的限制作用。

对这一问题的考量主要体现在两个方面。一方面，根据已有研究，互联网在很大程度上正是发挥着基础设施的服务作用，互联网通过降低交易成本、信息成本和提升信息交流效率来实现对国际贸易分工的影响。虽然，已有研究指出，互联网的促进作用具有独立性，不会被其他类别的基础设施作用所取代（施炳展和李建桐，2020），但其作用机制则与其他基础设施存在明显的相似性，而已有对基础设施影响国际贸易分工的考察指出，行业对基础设施依赖程度的不同很可能会限制基础设施影响的发挥。正如布莱德和莫里纳（Blyde & Molina，2015）在考察基础设施对跨国生产布局影响的过程中指出，不同行业对基础设施的依赖程度存在明显差异，而正是由于这种依赖程度的不同，各行业对基础设施所赋予优势的敏感程度也会存在差别；林梦瑶和张中元（2019）进一步基于布莱德和莫里纳（Blyde & Molina，2015）提出的基础设施依赖度评价方法，考察了基础设施对中国产业参与全球价值链分工的影响，其研究发现，制造业部门中对基础设施服务特别敏感的产业参与全球价值链分工过程中受基础设施的正向影响更为显著。另一方面，在针对互联网影响国际贸易分工的专项问题研究中，行业对互联网的依赖程度，行业网络密集度、信息密集度等问题也已开始被关注。张辽和王俊杰（2020）基于互联网降低企业生产成本、信息成本等机制探索互联网对制造业参与全球价值链分工的影响，发现制造企业信息化密度水平的提高会提升制造业全球价值链参与程度；李坤望等（2015）则在研究中证实，信息基础设施水平的提升有助于企业出口的增长，而信息化密度更高的企业受信息基础设施的影响也更为明显。

（二）互联网发展的异质性作用研究

除关注行业网络密集度对互联网贸易促进效应的影响外，不少研究也发现，即使考察互联网对国际贸易分工的直接影响，互联网对国际贸易分工所形成的作用也会存在显著的异质性。一方面，受行业差别的影响，互联网的促进作用可能有明显不同。在探究互联网影响货物或服务贸易的过程中，不少研究就发现，互联网的发展虽有助于货物或服务出口的增长，但同时，由于行业的异质性，例如：针对不同技术水平的行业产品或是不同类别的服务出口，互联网形成的作用往往会存在明显差别；而针对全球价值链分工问题，行业异质性所引致的互联网作用的差异化也同样在研究中被初步证实（刘斌和顾聪，2019）。另一方面，受贸易主体及其行为异质性的影响，互联网的作用也会有所差别。一是针对不同经济发展水平的贸易主体，如发展中经济体与发达经济体，互联网对贸易促进作用的显著性存在明显差异（Clarke & Wallsten，2006；Gani & Clemes，2013）；二是由于贸易主体参与国际贸易的方式、自身生产效率的差别，互联网的影响也会存在显著的异质性（施炳展，2016）。除此之外，互联网自身发展结构的差异也会使其影响的发挥出现异质性，刘和纳斯（Liu & Nath，2013）的研究就指出，互联网发展涉及互联网带宽、互联网订阅量、电信投资等多方面的增长问题，而在其影响新兴市场国家进出口贸易过程中，不同方面的增长会形成差别影响，如电信投资增长仅促进了进口份额的增加。

上述研究成果表明，互联网对国际贸易的促进作用虽已广泛被证实并获得学界一致认可，但针对互联网影响的深入研究仍需进一步展开，互联网对国际贸易的推动作用并非绝对一致，深入探究互联网与国际贸易、全球价值链分工关系的研究工作仍需充分考虑行业网络密集度所带来的影响，并重视因行业差别等所引致的互联网作用的异质性问题。

五、文献述评

已有代表性研究成果基于科学的方法论证了互联网对经济发展的必然影响，互联网发展对经济增长存在显著的促进作用，并且会进一步影响经济的增长质量、提升经济运行效率、优化企业绩效，开展互联网经济效应的研究有着显著的现实意义和必要性。同时，现有丰富的实证研究工作也表明，互联网发展水平的衡量方法已初步形成，相关量化指标与实证方法被广泛应用于已有研究工作中，并形成了一系列值得借鉴的有益成果。进一步深化互联网与经济发展关系的研究工作已具备基本的理论前提和工具条件。

而在开放型经济领域，已有研究成果聚焦互联网发展与国际贸易关系问题，并证实了互联网发展对国际贸易的显著影响。发展互联网有助于促进国际贸易增长、加强双边贸易往来、优化贸易结构、提升贸易竞争力；互联网对国际贸易作用的发挥主要通过降低贸易成本、减少信息成本、促进买卖双方匹配等机制来实现。与此同时，互联网对全球价值链产生的深刻影响也已在学界的研究中获得初步证实，发展互联网同样会促进全球价值链贸易增长及双边价值关联，并会提升一国或一国企业的价值链分工地位，优化其分工表现，而互联网对全球价值链产生影响的主要机制与其对传统贸易的影响类似。当然，考虑行业网络密集度等问题，互联网促进作用的发挥很可能会受到一定程度的影响，同时，基于行业差别、经济主体及其行为等的差异，互联网对国际贸易、全球价值链分工等产生的影响也会有明显的异质性。

显然，已有研究成果已为探索和明确互联网与对外贸易、全球价值链分工等的关系提供了具体的研究视角、科学的评价方法和明确的理论依据，但同时，现有研究也为进一步深化探究互联网发展所形成的贸易促进效应留下了巨大空间，在某些重点领域、重要问题上，相关研究成果仍有待进一步补充。

第一，根据现有研究，互联网对全球价值链分工的影响已被学界关注，并已在当前的研究中获得初步证实，但已有研究成果仍有待丰富，相关研究结论也有待进一步印证补充，互联网对全球价值链分工影响的研究工作仍需进一步深化。当前，全球价值链分工已成为国际分工的主导模式，而全球价值链分工模式下中间品的跨境交易以及产品的价值往来将更为复杂。因此，在明确互联网发展对国际贸易增长影响的同时，学界有必要就互联网对各环节价值链贸易的影响开展广泛而深入的讨论，并形成针对全球价值链分工问题的专项研究成果。

第二，全球价值链分工模式下，一国国际分工地位、国际竞争力以及与伙伴国的双边价值链关联水平不仅取决于贸易往来的绝对规模或者总贸易的相对份额，同时也依赖于本国增加值出口，以及本国价值与国外价值的对比情况。库普曼等（Koopman et al.，2010）对全球价值链分工地位的研究，刘琳（2015）等基于增加值对中国出口技术复杂度问题的分析，刘斌和顾聪（2019）以及幸炜等（2018）对双边价值链关联问题的论证，等等，均是基于全球价值链分工背景所做出的有益探索。因此，有必要在详细探究互联网对全球价值链贸易影响的前提下，深入探讨其对贸易双方双边价值链关联、贸易主体价值链分工地位等的影响，以进一步深化互联网对全球价值链分工影响的研究工作。

第三，在探索互联网对国际贸易、全球价值链分工作用的过程中，不仅需要立足本国的互联网发展情况，更需要关注本国与伙伴国间互联网发展的相对水平。互联网作用的发挥关键在于其能够提升信息交流效率、降低信息成本，这需要贸易双方的共同推进，而事实上，已有代表性研究，如孟祺（2017）、潘申彪和王剑斌（2018）等，已对这一问题做出了有益探究，并证实了全面考虑贸易双方互联网发展水平对于探究互联网贸易促进效应工作的重要性。不过在当前的大多数研究中，这一关键问题尚未被重点关注，后期的研究中，有必要充分评估和考虑贸易双方的双向互联或者双边互联网建设的相对水平。

第四，要充分重视不同行业对互联网发展敏感性差异所形成的影响，重视各行业参与国际分工过程中内涵互联网所赋予优势差别对互联网影响发挥的限制作用。从现有研究来看，由于行业对互联网等基础设施依赖程度的不同，以及行业、企业信息化密度、网络密集度等的差别，互联网对国际贸易、全球价值链分工产生的影响往往会受到不同程度的限制，互联网发挥作用的显著性也会出现明显差别，研究工作中，重视不同行业对互联网发展的敏感性差别才能进一步在考虑行业特征的基础上深化对互联网贸易促进效应的研究工作。当然，进一步的研究也要充分借鉴当前研究工作的经验，明确因行业自身异质性等问题造成的互联网影响的异质性。

第五，针对中国问题的专项探讨仍需广泛展开。裴长洪和刘斌（2019）的研究指出，中国对外贸易新旧动能转换的重要表现之一在于互联网与跨境电商深度改变了全球价值链体系中的分工模式、组织结构与微观主体行为，并为中国向全球价值链高端环节攀升提供了绝佳机会。互联网在当前和未来一个阶段必然对中国参与对外贸易活动和全球价值链分工产生重要影响。与此同时，从各个视角探寻优化制造业参与国际分工表现的动力源，提升制造业国际竞争优势，积极建设制造强国，依旧是中国当前及未来一个阶段对外贸易高质量发展的重点任务。因此，后期的研究有必要基于现有成果，进一步丰富针对中国问题，尤其是针对中国制造业参与全球价值链分工问题的研究内容，着重对互联网发展与中国制造业参与全球价值链分工关系这一主题开展一系列研究工作。

第三节　研究的主要内容与框架

本书基于网络经济理论、贸易成本理论以及全球价值链分工理论等，结合现有研究，以互联网、行业网络密集度与中国制造业全球价值链分工为主题，从双边及行业视角切入，基于理论和实证分析，探究互联网发展对中国制造业参与全球价值链分工的影响，并重点观察行业网络密集度在互联网影响制造业全球价值链分工过程中的关键作用，以期在当前信息技术快速发展的背景下，基于现有互联网对国际贸易分工影响的研究成果，进一步探寻优化中国制造业参与全球价值链分工表现的新动能，为中国向全球价值链高端环节攀升提供理论参考。本书的研究内容主要包含理论分析，中国与主要贸易伙伴国互联网发展水平的测算与评价，中国制造业参与全球价值链分工的现状及比较，互联网发展对中国制造业增加值出口贸易、双边价值链关联、全球价值链分工地位等影响的实证研究，以及结论和政策启示几个部分。全书共由七个章节组成，具体研究框架如图 1 - 1 所示。

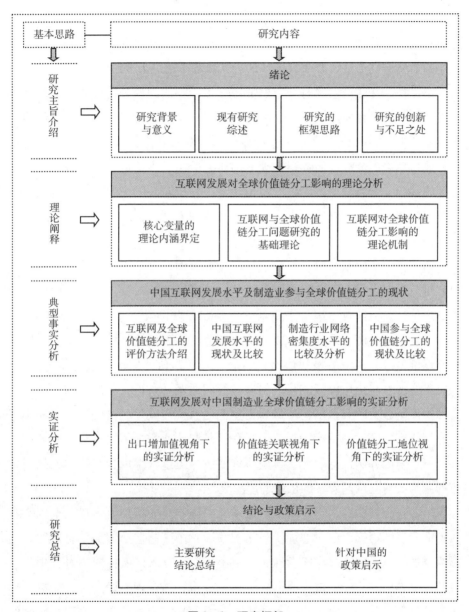

图1-1 研究框架

第一章，绪论。本章节首先介绍了本书研究的背景，研究工作的理论与现实意义；其次，对当前已有研究成果开展综述与评价，总结针对互联网与国际贸易分工议题的进一步研究工作所需探究的重点问题和应当关注的重点方向；最后，就本书研究的主要内容与框架、研究的基本思路、开展研究所采用的主要研究方法以及研究工作的创新性和不足进行介绍。

第二章，互联网发展对全球价值链分工影响的理论分析。本章首先从理论层面对本书研究所涉及的互联网发展、全球价值链分工表现、行业网络密集度等关键变量的经济学内涵进行界定和解释；其次，梳理网络经济理论、贸易成本理论、全球价值链理论等本书研究的关键理论依据，明确本书研究的理论基础；最后，从贸易成本视角切入，分析互联网发展对全球价值链分工影响的理论机制，以从理论层面论证互联网发展所形成的重要作用，并探寻其作用发生的关键路径。

第三章，中国互联网发展水平与制造业价值链分工表现评价。本章参照现有研究，综合投入与使用两方面视角，基于熵值赋权法来构建互联网发展水平评价方法，并对中国与主要贸易伙伴国互联网发展水平开展比较分析；同时，基于增加值贸易分解方法和价值链分工表现评价指标，对中国制造业在全球价值链分工中的增加值出口贸易、与贸易伙伴国的双边价值链关联，以及制造业参与全球价值链分工的地位等问题展开讨论，明确当前中国参与全球价值链分工的典型事实。最后，参照已有研究成果，本书进一步构建了行业网络密集度评价指标，并基于互联网及制造业增加值贸易数据开展测算和分析，明确各制造行业在参与全球价值链分工过程中内含互联网所赋予优势的差别或对互联网发展的依赖程度差异。

第四章，互联网、行业网络密集度与中国制造业增加值出口。本章为本书实证分析的第一部分，着重就互联网发展对中国制造业增加值出口贸易的影响开展分析，并进一步探索行业网络密集度在互联网发挥影响过程中所形成的关键作用。首先，根据前期理论机制分析，结合现有研究思路，本书构建计量模型，并基于面板数据开展实证分析，从实证视角初步论证互联网的关键作用；其次，为检验基准回归结果的稳健性，本书依次采用替换核心解释变量后再回归、差异化样本下的实证结果比较以及考虑内生性问题的再检验等方法，对回归结果开展稳健性检验；再其次，在基准回归的基础上，本书基于已有研究成果，进一步结合行业自身的差异特征开展异质性分析，明确互联网对不同制造行业增加值出口贸易所形成的差异化影响；最后，为深化互联网对制造业增加值出口贸易影响的分析工作，本书对照理论机制分析内容，对互联网影响价值链贸易的主要作用渠道进行检验，并从先动优势视角进一步展开拓展分析，以保证本书实证分析工作的完整性。

第五章，互联网、行业网络密集度与中国制造业价值链关联。本章为本书实证分析的第二部分，着重关注中国制造业参与全球价值链分工过程中与伙伴国价值链关联程度受互联网发展的影响问题。首先，同样参照理论机制，构建计量模型，并基于面板数据开展回归分析；其次，为保证回归结果的稳健性，本章同样采用替换核心解释变量后再回归、差异化样本下的实证结果比较以及考虑内生性问题的再检验等方法，针对回归结果开展稳健性检验；再其次，为深化互联网发展对中国制造业价值链关联程度影响的探究工作，本章继续基于行业差别视角开展异质性检验；最后，本章进一步基于理论机制，补充探索了互联网影响价值链关联的作用渠道，并从梯度关联视角展开拓展分析，使得互联网发展对中国制造业价值链关联影响的研究工作进一步丰富。

第六章，互联网、行业网络密集度与中国制造业分工地位。本章为本书实证分析的第三部分，在前期关注互联网发展与中国制造业增加值出口贸易以及价值链关联问题的同时，本书立足制造业全球价值链分工地位，继续探索互联网发展对中国制造业价值链分工表现所形成的影响。与前两章的分析工作类似，本章的实证分析工作同样基于理论机制展开，构建计量模型开展初步回归，同时，通过替换核心解释变量后再回归、差异化样本下的实证结果比较以及考虑内生性问题的再检验等方法进行稳健性检验，并结合行业自身差异分析互联网影响的异质性。最后，本章进一步探究互联网发展对制造业全球价值链分工地位的影响机制，以补充论证理论机制分析所总结的互联网发生作用的基本渠道。

第七章，结论与政策启示。本章为本书研究的最后一个模块，基于前期各章节的分析工作，本书就互联网发展对中国制造业全球价值链分工的影响进行总结，并综合理论探讨、现状分析和实证研究所得出的结论，为中国进一步优化制造业全球价值链分工表现、构筑对外贸易转型升级新动能总结相关的政策启示。

第四节　研究的基本思路与方法

一、研究思路

本书以互联网、行业网络密集度与中国制造业全球价值链分工这一问题为研究主线，探究互联网对中国制造业全球价值链分工的影响，并进一步分析行业网络密集度在此过程中形成的关键作用。整体研究基于五个方面的工作展开。第一，本书对现有研究成果进行综述，总结已有成果对互联网与国际分工关系问题研究得出的重要发现、形成的主要观点以及在研究工作中采用的科学方法，并进一步提炼后期研究所要解决的关键问题，明确研究的重点方向，以确定本书研究的主题以及开展此项研究可能存在的创新点；第二，基于当前网络经济理论、贸易成本理论、全球价值链理论等关键基础理论，本书从理论层面探究互联网对全球价值链分工的影响机制，明确互联网影响价值链分工的关键渠道；第三，本书结合已有研究成果，采用科学的方法对中国与贸易伙伴国互联网发展水平、中国制造业全球价值链分工表现以及制造业行业网络密集度等开展量化评价，并基于评价结果开展现状分析，明确当前中国互联网发展及制造业参与全球价值链分工的典型事实；第四，在理论分析和现状分析的基础上，本书分别从增加值出口贸易、全球价值链分工过程中贸易主体双边价值链关联、全球价值链分工地位三个视角开展实证分析，以基于经验数据，从实证方面论证互联网对中国制造业全球价值链分工表现的具体作用以及行业网络密集度在此过程中形成的关键影响，并进一步探究互联网影响的异质性、作用渠道等，从而为本书研究聚焦的关键问题提供翔实可靠的实证结果和经验证据；第五，本书基于理论和实证分析两方面的工作，总结互联网发展对中国制造业参与全球价值链分工的关键影响，并为中国进一步优化制造业全球价值链分工表现、构筑对外贸易转型升级新动能总结相关政策启示。

二、研究方法

（一）文献分析法

本书在开展核心研究工作之前，首先对已有与本书研究主题密切相关的文献资料进行梳理研究，明确本书所关注问题的最新研究进展、当前已开展的系列研究工作、已有研究得出的重要发现和形成的主要观点以及当前研究工作所采用的科学研究方法等核心信息，并基于对已有文献的分析结论，总结针对互联网与国际贸易分工这一专项问题开展进一步研究所需解决的关键问题和需要拓展的重点研究方向，从而确定本书的研究主题以及后续研究的重点。与此同时，在理论分析、核心变量量化评价以及实证分析的过程中，本书同样对已有文献资料进行梳理总结，并在此基础上开展系列研究工作，通过引用相关经典文献的论点、方法来为本书研究所得出的结论提供佐证材料。

（二）数理分析法

在理论分析过程中，本书基于贸易成本理论等与本书研究主题密切相关的基础理论，并借鉴已有研究成果，采用经济学模型搭建互联网对全球价值链分工影响的理论机制，并重点分析互联网发挥作用的主要渠道。基于数理分析方法，以经典的数学模型从理论层面分析本书关注的研究主题，可以以更加严谨的逻辑在理论层面论证互联网对全球价值链分工所产生的关键作用，也可以精准判断核心变量之间的逻辑关系以及变量的主要作用方向。

（三）理论分析与实证分析相结合的方法

本书基于贸易成本理论等与本书研究主题密切相关的基础理论，首先从理论层面论证互联网对全球价值链分工所产生的关键作用，搭建互联网对全球价值链分工影响的理论机制，同时，本书基于理论分析工作所得出的基本结论，从增加值出口贸易、双边价值链关联、全球价值链分工地位三个视角搭建计量模型，并基于面板数据开展实证分析，论证互联网对中国制造业全球价值链分工表现的具体影响以及行业网络密集度在此过程中所形成的关键作用。研究工作将理论分析与实证分析相结合，实证模型的搭建、实证分析工作的展开有明确的理论依据，研究工作更具针对性，而理论分析所得出的基本判断也能够在实证分析过程中获得进一步论证，整体研究工作更加严谨规范，所得出的研究结论更加翔实。

（四）比较分析法

本书研究工作开展过程中多次采用了比较分析法，以使得研究内容更加丰富深入，研究结论更具针对性。在现状分析过程中，本书就中国与主要贸易伙伴国的互联网发展水平开展评价和比较，明确当前中国互联网发展的基本态势，与此同时，针对中国制造业全球价值链分工表现以及制造行业网络密集度等问题，本书通过行业间的比较分析，明确了中国制造业当前参与全球价值链分工的基本态势以及制造行业间存在的差异化特征。在具体的实证分析过程中，本书不仅关注互联网对制造业价值链分工表现的总体影响，更进一步基于行业的差别特征开展异质性分析，比较互联网对不同特征类别的制造行业参与全球价值链分工所形成的差异化影响。而在结论部分，本书基于增加值出口贸易、双边价值链关联、全球价值链分工地位三个视角的实证分析内容，就实证结果开展总结比较，进一步丰富了互联网对全球价值链分工影响的研究结果。

三、技术路线

参照研究思路，本书基于五个步骤的工作来开展互联网、行业网络密集度与中国制造业全球价值链分工这一主题的研究工作。研究的技术路线如图

1 - 2 所示。

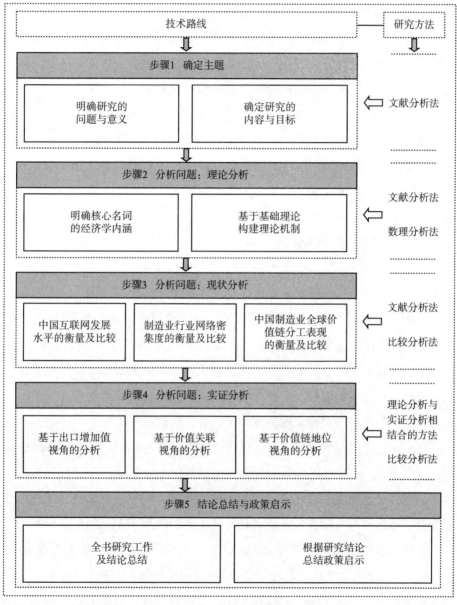

图 1 - 2　技术路线

如技术路线图 1-2 中介绍，本书首先基于已有研究工作，结合文献分析法，确定本书研究的主题、需要解决的具体问题、需要实现的关键目标以及研究工作的意义。其次，基于文献分析法、数理分析法、理论分析与实证分析相结合的方法、比较分析法等，本书对关键问题开展分析。一是开展理论分析，明确核心变量的经济学内涵，并构建互联网影响全球价值链分工的理论机制；二是开展现状分析，明确当前中国互联网发展、中国制造业参与全球价值链分工以及世界样本范围内制造行业网络密集度变化等的典型事实；三是开展实证分析，基于理论分析的初步探索从实证层面进一步开展论证。最后，结合全书研究工作进行总结比较，并提出针对中国制造业参与全球价值链分工问题的对策建议。

四、研究的可行性分析

第一，已有高水平研究成果论证了互联网对国际贸易、国际分工的深刻影响，并充分阐述了互联网对国际贸易、全球价值链分工影响的内在机制，代表性研究工作为本书的研究提供了具体的研究视角和明确的理论前提。

第二，现有丰富的实证研究工作也表明，互联网发展水平的衡量方法已初步形成，相关量化指标与实证方法被广泛应用于已有研究工作中，进一步深化互联网与经济发展关系的研究工作已具备基本的工具条件。

第三，世界银行数据库、世界投入产出数据库（World Input-Output Database，WIOD）、经济合作与发展组织（OECD）统计数据库等一系列重要的数据库已公布了与本书研究密切相关的样本数据，样本数据的统计工作已全面展开，指标测算与评价、实证研究等工作也已具备了必要的前提条件。

第四，本书研究工作开展之前，已就"全球价值链""制造业服务化、信息化""国际贸易增长、贸易竞争力""双边贸易往来"等与本书研究主题密切相关的问题展开了一系列研究工作，形成以学术论文形式的研究成果数篇，一定程度上理解和掌握了与本书研究主题相关的基础知识和研究方法。

第五节　研究的创新与不足之处

一、研究的创新之处

第一，从互联网发展视角切入，形成了专门针对全球价值链分工的系统研究成果，在选题视角方面存在一定的创新性。当前，已有研究基本证实了互联网对国际贸易的促进作用，同时，部分研究也已关注到互联网对全球价值链分工的重要影响，但相较于传统贸易模式，全球价值链分工涉及更为复杂的中间品跨境交易及产品的多次价值往来，全球价值链分工不仅是当前国际贸易分工的主导模式，其在深化发展后还具备自身独有的特点和复杂性。而从现有研究来看，互联网对全球价值链分工影响的探究工作仍亟待补充，学界有必要就互联网对各环节价值链贸易的影响开展广泛而深入的讨论。本书正是着眼于全球价值链分工特征，在系统评价参与全球价值链分工表现的基础上，基于理论和实证分析，探究互联网对增加值贸易、双边价值链关联以及价值链分工地位等的影响，形成了针对全球价值链分工问题的专项研究成果，研究工作进一步丰富了互联网与国际贸易分工的理论研究内容。

第二，有助于为探寻中国攀升全球价值链高端的新动能、探索全球价值链重构的中国方案提供新视角。根据《全球价值链发展报告（2017）》所公布的信息，当前，中国事实上已成为全球价值链中的三大生产中心之一，并在一定程度上具备了主导区域价值链的条件（魏龙和王磊，2016），国内学界有必要深入总结中国实践经验，探索中国高质量参与全球价值链分工的新动能，并为世界提供中国方案。本书的研究关注中国对外贸易新旧动能转变过程中互联网发展这一关键因素，研究工作从双边及行业视角切入，系统探究了互联网发展对中国制造业全球价值链分工所产生的影响，形成了针对中国参与全球价值链分工的专项研究成果，并为未来针对中国参与全球价值链分工问题的进一步研究提供了一个有借鉴意义的观察视角。

第三，基于已有研究，采用熵值赋权法对中国及其主要贸易伙伴国的互联网发展水平开展综合评价，测评工作更具客观性。当前，互联网发展水平的衡量方法已十分丰富，相关评价思路与研究方法被广泛应用于研究工作中，并获得学界的一致认可，这些已有成果为本书的研究工作提供了明确借鉴。但要综合评价并比较中国与各贸易伙伴国的互联网发展水平，则需要进一步考虑互联网建设的多方面工作。为此，本书将借鉴已有成果的评价思路，并进一步结合互联网发展实际与国家特点，从互联网的普及应用、互联网相关基础设施建设以及互联网关联产业的投入与产出等多个角度选取互联网发展水平的评价指标，并将熵值赋权法引入综合测评工作中，对各国互联网发展水平进行客观评价，为双边互联网发展水平的比较提供直接的数据支持。

第四，在已有研究基础上，构建了衡量制造行业网络密集度的新指标，明确了各制造行业对互联网赋予优势的依赖程度。本书在探索互联网对中国制造业参与全球价值链分工影响的同时，构建了制造行业网络密集度指数，明确了各制造行业参与价值链分工过程中对互联网的依赖程度或所蕴含的互联网赋予的优势及其差别特征，并进一步在实证分析过程中证实了行业网络密集度对互联网作用发挥所形成的关键影响。密集度指标的测算与评价工作便捷可行，制造行业网络密集度的研究工作进一步丰富了互联网贸易促进效应的理论研究内容，研究结论也更具针对性。

二、研究的不足之处

第一，由于投入产出表涵盖国家（或地区）数量的限制，以及个别国家（或地区）数据的缺失，本书的研究样本范围受到限制。明确互联网对中国制造业参与全球价值链分工表现的影响有利于为中国进一步优化参与全球价值链分工表现提供直接参考，为使本书的研究工作与笔者前期已经开展的相关研究保持一致，形成有关"全球价值链""贸易竞争力"等主题的系列研究成果，本书选择基于 WIOD 数据库所公布的世界投入产出数据开展分析。

但其所涉及的样本国家（或地区）为 56 个，其中大部分样本为欧洲国家，并且个别国家（或地区）的其他数据存在缺失情况，一定程度上限制了中国贸易伙伴国样本选择的范围。未来进一步研究的过程中，将尝试拓展中国伙伴国样本，丰富样本所反映出的信息内容。

第二，截至本书研究工作完成时，WIOD 数据库公布的最新数据为 2016 年版的世界投入产出表，样本期限为 2000～2014 年，囿于数据库公布的数据范围，本书研究的样本期限同样设定为 2000～2014 年。未来根据后期更新的数据，本书将进一步补充相关分析工作，以通过研究工作的动态完善使得本书的研究结论更具针对性。

第二章

互联网发展对全球价值链分工影响的理论分析

　　自 20 世纪 70 年代开始发展至今，互联网对经济社会的影响日益凸显，发展互联网有利于促进社会经济的增长（Choi & Yi，2009），并能进一步提升社会经济的发展质量、生产效率等（Lapatinas，2019；黄群慧等，2019）。而在开放型经济领域，互联网发展对国际贸易、国际分工所带来的显著影响也早已在学界的研究中获得证实（Friedman，1999；Freund & Weinhold，2004）。此后，伴随着全球价值链分工模式的形成和发展，学界开始将研究焦点集中于互联网与全球价值链关系的问题上来，并已初步证实互联网对价值链分工的显著作用（Baldwin，2012），互联网的发展既为全球价值链分工模式的形成提供了关键前提，又进一步促进了全球价值链分工过程的深化。不过，已有研究也指出，互联网对国际分工的推动作用并非绝对一致，深入探究互联网与国际贸易、全球价值链分工关系的研究工作仍需充分考虑行业对互联网的依赖程度或行业网络密集度所带来的影响，并重视因行业差别等所引致的互联网作用的异质性。

　　而当前，全球价值链分工已经成为国际贸易分工的主流趋势，与传统贸易模式相比，全球价值链分工模式在分工的细化程度、产品价值跨境流动的复杂性、信息沟通的要求等方面存在明显的特殊性。针对价值链分工问题，在明确互联网发展对其存在显著作用的前提下，进一步深挖互联网对具体价值链分工表现的影响及作用机制，有助于形成针对这一问题的专项研究成果，为当前和未来一个阶段全球价值链分工问题的深化研究提供一个有借鉴意义的理论视角，并助力中国持续优化参与全球价值链分工的表现。那么，在理论研究过程中，互联网发展是否仅仅是一种技术层面的表现？其经济学内涵是什么，又是以怎样的形式在国际贸易、全球价值链分工过程中形成影响？全球价值链分工的具体表现指的又是什么，从哪些视角出发可以准确评价一国或一国产业参与全球价值链分工的具体表现？互联网发挥影响的过程中，行业网络密集度的具体内涵如何界定？开展互联网对全球价值链分工影响的研究有何理论依据？互联网的具体作用机制又是如何？解决上述问题，能够为具体研究工作的展开奠定理论基础，并以严谨的逻辑在理论层面论证互联网对全球价值链分工表现所产生的关键作用。

基于上述思考，本书重点就研究中核心变量经济学内涵的界定、互联网对全球价值链分工影响的基础理论介绍以及互联网影响全球价值链分工的具体理论机制等内容开展分析工作，以期形成针对互联网发展与全球价值链分工问题的专项理论研究成果。

第一节　关键变量的经济学内涵界定

本书的研究主要就互联网对中国制造业全球价值链分工的影响开展分析，并进一步探究制造行业网络密集度特征差异在此过程中形成的作用，核心研究工作开展之前，为明确研究的基本前提，有必要首先厘清本书所涉及的几个关键变量的经济学内涵。当前，学界对互联网发展的认知已突破技术范畴，互联网发展的经济学内涵愈发丰富，而互联网发展对行业赋予的优势亦获得学界的重点关注，行业网络密集度特征等的影响必然也会对互联网作用的发挥产生关键作用。此外，明确全球价值链分工表现的具体体现和经济学内涵同样是本书研究工作所需重点关注的内容，当前增加值分解方法已逐步完善，全球价值链分工表现的衡量方法和评价体系也已逐步建立，基于已有研究，结合本书分析工作重点，总结全球价值链分工表现的内涵和评价标准，有利

于为本书的研究提供更为直接的理论依据和方法支持。基于此，在本节，本
书重点对互联网发展、全球价值链分工表现以及制造业行业网络密集度等关
键变量的经济学含义进行梳理，以把握本书研究工作的基本前提和总体界限。

一、互联网发展的内涵演进与界定

从 20 世纪 70 年代开始发展至今，全球互联网已历经 50 多年的发展历
程。早期，世界对互联网发展的认知更多地停留在技术层面，而随着互联网
应用领域的不断扩大以及其对经济社会影响的加深，互联网发展的经济内涵
不断丰富，学界对互联网的发展赋予了更多经济学解释。1987 年，经济学家
罗伯特·默顿·索洛（Robert Merton Solow）首先开始关注信息技术与生产率
之间的关系，但索洛却发现美国在信息技术方面的大量投入并没有带来生产
率水平的提升，由此引发了学界对"信息技术生产率悖论"或"索洛悖论"
的讨论，以互联网为代表的信息技术对经济的影响在学界受到广泛关注。[①]
而学界对互联网的认知也开始突破技术范畴，更多地将互联网的使用视为企
业生产要素、基础设施等的投入，并在相关研究中直接将针对计算机设备等的
投资纳入经济增长模型（Oliner & Sichel，1994；Jorgenson & Stiroh，1995），或
以计算机设备的使用率、互联网普及率等作为关键代理变量（Krueger，
1993；Choi & Yi，2009；Choi，2010）来量化评估互联网对经济、贸易、要
素收益等的重要影响。与此同时，随着互联网的发展以及学界研究工作的不
断推进，以互联网为代表的信息技术所产生的经济效应被逐步挖掘，不少学
者审视过去的研究工作，认为当时的研究者尚未意识到互联网发挥作用须达
到一定的临界规模（郭家堂和骆品亮，2016），而当前，世界互联网蓬勃发
展，其所产生的经济效应也已十分明显（韩先锋等，2019；Najarzadeh et al.，

---

① 特里普利特（Triplett，1999）对"索洛悖论"开展了深入研究，其在研究中总结了索洛对于
"信息技术生产率悖论"的相关论述，例如"计算机的作用无处不在，除了在生产率上找不到它的影
子"等。参见：Triplett J E. The Solow Productivity Paradox：What Do Computers Do to Productivity？［J］.
Canadian Journal of Economics，1999，32（2）：309 – 334.

2014）。

此外，伴随着计算机硬件、软件的完善及普及，信息存储传输技术的不断改进以及社会经济的快速发展，互联网行业逐步形成并迅速壮大，搜索引擎、综合门户、即时通信、电子商务等各类互联网企业为社会生产生活提供了大量便捷服务。正因如此，网络搜索频数、企业互联网产品及服务的使用率、互联网网址双向链接等在学界的研究中成为互联网发展、企业互联网化的关键代理变量（施炳展和金祥义，2019；李兵和李柔，2017；Yadav，2014；Chung，2011）。而当前，互联网与社会诸多领域的融合也已成为经济发展的主流趋势（韩先锋等，2019），充分评估互联网行业发展情况，掌握互联网行业投入、产出等信息（黄群慧等，2019），并进一步明确互联网与各行业的融合或者互联网发展对行业赋予的优势（张辽和王俊杰，2020），也成为互联网发展水平评价的关键考量指标。

可以明确的是，在当前经济社会发展过程中，互联网的内涵已远远突破技术范畴，互联网已经成为经济发展的关键基础设施，互联网服务的使用也日益成为企业、行业发展的关键投入要素之一，此外，随着互联网行业的发展及其对经济社会影响的扩大，互联网产业自身的投入与产出以及其对其他行业的深刻影响也成为评价互联网发展及其经济效应的关键因素。明确互联网发展内涵，探究互联网对经济、贸易的影响工作，要充分考虑互联网的使用、设施建设、相关产业投入产出等的情况。本书的研究重点关注互联网发展对中国制造业参与全球价值链分工的影响，基于已有有关互联网发展问题的探究工作，本书同样将互联网界定为制造业自身发展及其参与国际竞争所需的关键基础设施，互联网服务越普及应用，互联网自身设施建设、关联产业发展越完善，则制造业所获得的基础设施服务支持也越充分。

二、全球价值链分工表现的内涵界定

当前，全球价值链分工已成为各国参与国际分工的主流形式，而这种分工模式既深刻影响着国际贸易的核算工作，同时也为学界开展国际分工表现的评价带来了新视角。一方面，基于全球价值链分工事实以及投入产出表的编制与应用，学界历经多个阶段的探究，对宏观及微观层面的出口增加值进行分解，并逐步完善了全球价值链分工过程中的增加值分解方法（Hummels et al.，2001；Koopman et al.，2014；Upward et al.，2013；Wang et al.，2013），使得在宏观层面，国家与部门、双边、双边与部门的多层面出口价值分解工作获得有效推进，而微观层面的企业出口增加值核算工作也正广泛展开；另一方面，出口增加值、价值链分工地位、基于增加值的国际竞争力再测评等工作也为学界评价全球价值链分工表现带来了新视角（Koopman et al.，2010；王直等，2015）。由此，在全球价值链分工模式下，评价一国或一国行业参与国际分工的表现有了明确的理论基础和方法支持。

在全球价值链分工特征研究及增加值分解工作的基础上，学界结合已有对国际贸易分工表现的研究思路，针对一国参与全球价值链分工问题开展了专项研究。已有研究首先关注价值链贸易问题，在研究中聚焦一国总体或代表性产业的增加值出口规模、结构、增加值出口率等关键指标，从而明确一国参与全球价值链分工的真实利得，评价其参与全球价值链分工的基本表现（罗长远和张军，2014）。而此后，随着研究工作的不断深入以及对出口增加值分解工作认识的不断加深，学界在关注价值链贸易规模的同时，进一步分析一国或其代表性产业在价值链分工过程中所获得的竞争力等问题，并基于多个视角深化对全球价值链分工表现的评价工作。这些成果中，一部分研究从双边合作视角出发，关注一国在全球价值链分工过程中与伙伴国合作的紧密度，并基于双边价值链关联视角来评价该国在分工过程中的影响力和综合表现（刘斌和顾聪，2019；幸炜等，2018）；另一部分研究则基于价值链分工地位等专项指标来直接测算一国或其代表性产业在价值链分工过程中的竞争力，从而对该国在世界市场或主要贸易伙伴国市场中的具体分工表现开展测评及分析（王厚双和盛新宇，2020；戴翔和宋婕，2020）。这些代表性研究为全球价值链分工表现的评价工作提供了丰富的理论视角，使得在全球价值链分工背景下，客观评价一国或其代表性产业参与国际分工的表现有了明确的理论借鉴。

基于上述思路，针对中国制造业参与全球价值链分工问题，本书对其价值链分工表现的内涵明确为产业参与全球价值链分工过程中，在增加值贸易规模、价值链分工合作关系以及争取价值链分工地位等方面的基本行为特征，制造业参与全球价值链分工表现越优，则其在分工过程中往往能具备较为明显的增加值出口贸易规模，并且与主要伙伴国之间保持着紧密的双边价值链关联与合作关系，同时，在国际分工过程中往往能争取到较高的分工地位。

三、行业网络密集度及其与互联网发展水平差距的内涵界定

当前，在针对互联网所形成的经济和贸易促进效应研究过程中，学界对互联网的发展已赋予了丰富的经济学内涵，如前所述，互联网的使用往往被视为企业、行业生产要素、基础设施等的投入，而互联网发展对行业赋予的优势亦获得学界的重点关注。这就决定了，在探究互联网影响全球价值链分工的过程中，除关注互联网对价值链分工所形成的直接影响外，还应当充分考虑行业网络密集度在此过程中所形成的关键作用。本书的研究以制造业为基础，研究工作重点分析互联网对中国制造业价值链分工表现的影响，开展研究的同时，同样有必要就制造业自身受互联网的影响即制造行业网络密集度的内涵进行充分界定。

密集度一词早在赫克歇尔－俄林理论（H-O 理论）的研究中就被关注，该理论通过考量不同国家的要素禀赋差异来衡量该国的比较优势，并指出一国应当出口那些密集使用本国充裕生产要素的产品（Ohlin，1933）。此后，基于 H-O 理论进一步发展形成的经典贸易理论也同样对要素密集度进行了深刻阐释，赫克歇尔－俄林－瓦尼克模型（H-O-V 模型）证实，一国相对要素丰裕程度会通过该国对外贸易流量中的要素密集度来体现（Vanek，1968），而针对里昂惕夫之谜，有关研究也给出了行业要素密集度逆转的经典解释（Minhas，1962）。这些经典理论针对行业的生产过程以及国际贸易活动中要素的投入与贡献程度对要素密集度给出了解释，要素密集度可以总结为产品

生产过程中要素的投入比率或出口产品中所内含的要素贡献份额，正是基于这一内涵，劳动、资本等要素的密集度在国际贸易活动中的表现得以在早期的研究中获得广泛讨论，并继续为当前国际贸易问题研究提供关键分析视角和理论解释（李文秀和姚洋洋，2015；van den Berg & van Marrewijk，2017）。

　　而随着社会经济的发展以及国际贸易研究工作的不断深入，学界发现，除传统的劳动、资本等要素外，技术、基础设施等的密集使用以及契约、制度等所赋予产业的优势也都会对一国参与国际贸易分工有显著的影响，并且行业对这些有形或无形要素使用的密集度会在要素驱动国际贸易发展的过程中形成明显的控制作用。例如，在外资、知识产权保护等影响国际贸易分工的过程中，行业的技术密集度往往会对这些关键变量作用的发挥起着显著影响（毛日昇和魏浩，2007；Vichyanond，2009；余长林，2016）；而在基础设施对国际贸易影响探究的过程中，相关研究不仅有效测度了行业发展对基础设施的依赖程度（Blyde & Molina，2015），更在进一步的研究中证实了产业基础设施使用的密集度会影响基础设施对国际贸易促进作用的发挥（茹玉骢，2015；林梦瑶和张中元，2019）。当然，针对国际贸易活动中契约、制度等无形要素的影响，密集度的概念也同样在研究中被广泛采用，并在理论层面获得了明确的经济学解释。由于行业对契约实施制度的依赖程度不同，行业契约密集度存在异质性（Nunn，2007），而契约密集度往往又会对出口优势存在显著影响（Levchenko，2007），这种优势最终体现为出口契约密集度（李坤望和王永进，2010）。同时，其他经济制度对产业形成的影响或赋予的优势也可以以行业的制度密集度来进行有效衡量（孙楚仁等，2014），并已被学界证实其对国际贸易活动所形成的显著作用（孙楚仁等，2018；盛新宇等，2020）。另外，相关行业的发展对产业生产增长所形成的贡献或赋予的优势同样也在学界获得关注，以制造业为例，制造业对生产性服务投入的依赖程度被学界界定为制造业服务化或制造业服务使用的密集度（Szalavetz，2003；李小帆和马弘，2019），而生产性服务的这种投入不仅会直接体现在制造业产品出口的价值中（戴翔，2016），更会影响其对制造业出口促进作用的发挥（王厚双等，2020）。

从现有观点来看，密集度已在当前的研究中获得了明确的内涵界定，并且密集度的界定与衡量也并不局限于传统的劳动、资本等要素领域，随着社会经济的发展以及国际贸易研究工作的深入，密集度的经济学内涵概念正不断丰富。而沿用已有研究成果的视角及分析逻辑，在探究互联网贸易促进效应、互联网对制造业国际贸易分工影响的过程中，无论是将互联网的使用视为企业生产要素、基础设施等的投入，还是直接观察互联网发展对制造行业所赋予的优势，制造行业网络密集度同样需要在研究中被重点关注，并能够被赋予明确的经济学内涵。事实上，在当前针对以互联网为代表的信息技术所形成的贸易效应研究工作中，已有研究已经关注到网络密集度、信息化密度等的关键影响，并通过企业、行业的信息技术（IT）设备投入，互联网费用支出比率等指标开展了部分量化衡量工作（张辽和王俊杰，2020），制造行业网络密集度的界定及衡量工作已具备了明确的理论依据。

综合学界对密集度内涵的界定和分析逻辑，以及当前针对互联网问题研究工作中的初步观点，在参与全球价值链分工的过程中，制造业行业网络密集度可以总结为制造业对互联网使用的依赖程度或互联网的使用以及互联网行业的发展对制造业所赋予的优势程度，当某一制造行业对互联网的依赖程度越高，或者互联网的发展更能对某一制造行业赋予显著的优势，则该制造行业网络密集度水平也越高。

而依据现有有关密集度问题的研究逻辑，制造行业网络密集度水平的高低不仅会对行业自身的国际竞争优势形成显著而深刻的影响，同时也会在互联网发挥影响的过程中产生关键作用。从网络密集度形成的直接影响来看，根据现有研究，当制造行业的网络密集度水平提升后，行业内企业的全球价值链参与度也会明显提高（张辽和王俊杰，2020），行业的出口同样会获得显著增长（李坤望等，2015），提升制造行业网络密集度有助于行业深度参与全球价值链分工，并优化其在出口贸易方面的表现。而另一些针对密集度问题的研究还发现，在关键因素影响产业国际竞争优势的过程中，密集度的作用同样不容忽视。孙楚仁等（2018）针对制度密集度问题的研究证实，当制度水平与行业制度密集度存在明显差距时，制度改进对行业国际竞争优势的影响将明显降低；盛新宇等（2020）的研究也发现，由于服务内涵制度等无形要素的优势，一国进口服务制度密集度水平越高，越有利于该国制造业服务化发展，但当一国制度水平与进口服务密集度水平存在差距时，进口服务作用的发挥会明显受限。这些研究在关注制度等无形要素影响行业发展优势的同时，同样也高度重视制度发展水平与行业制度密集度水平的匹配程度所带来的影响。而依此逻辑，同样，当互联网发展水平与制造行业网络密集度水平存在显著差距时，互联网对制造行业参与全球价值链分工所带来的影响也很可能会明显受限，明确制造行业网络密集度在互联网发挥影响过程中的作用对深入探究互联网与全球价值链分工问题的研究工作至关重要。

本书的研究从双边及行业视角切入，重点探究互联网对中国制造业参与全球价值链分工的影响，与此同时，本书同样关注制造行业网络密集度在互联网发挥影响的过程中所形成的关键作用和意义。而借鉴有关密集度问题的研究思路，互联网与行业网络密集度差距的存在很可能会对互联网影响的发挥形成限制作用，这种差距往往表现为互联网发展水平与行业自身发展特征的匹配程度，即一国互联网的发展是否能够满足该国行业对互联网使用的依赖或者对互联网赋予优势的需求。

基于此，在明确制造行业网络密集度内涵的前提下，参照上述分析，结合本书研究工作的重点，本书进一步将互联网发展水平与制造行业网络密集度水平的差距总结为一国互联网发展水平与制造行业网络密集度水平的匹配程度。这种匹配程度越高，互联网越能够满足制造行业对互联网赋予优势的需求，互联网对行业参与国际分工的影响越大；而这种匹配程度越低，互联网发展与行业自身发展特征越不对称，互联网影响的发挥也越受限。

第二节　互联网与全球价值链分工的相关理论基础

本书重点探究互联网对中国制造业参与全球价值链分工的影响，研究工作基于互联网经济、国际贸易成本以及全球价值链分工的基础理论内容展开。

虽然，当前的研究工作尚未针对上述议题形成专项学说，但已有丰富的研究成果和日渐完善的研究体系事实上已为本书的研究设定了明确的理论前提。第一，针对互联网经济的理论研究，学界不仅对互联网的经济效应开展了高水平的探索工作，同时，关于互联网对国际贸易形成的影响及其作用机制也已在当前的研究中有明确体现；第二，国际贸易成本所带来的影响在经典的国际贸易理论研究中就被广泛关注，当前，随着国际分工、国际贸易出现新趋势、新变化，国际贸易成本问题的探索工作不断扩展，研究内容、研究结论也愈发丰富；第三，国际垂直专业化及全球价值链分工理论研究内容的演进，也进一步明确了针对全球价值链分工问题开展研究的重点方向。本书据此针对三个关键议题的理论研究内容进行梳理和总结，以明确本书开展研究的理论基础。

一、互联网经济研究的理论基础

随着互联网的快速发展以及其应用领域的不断扩大，互联网对经济社会的影响逐步加深，有关互联网经济的理论研究成果开始形成并不断丰富。虽然，学界当前尚未形成有关"互联网经济学""互联网经济理论"等的统一提法，但现有成果事实上已经为当前的经济活动及进一步的研究提供了明确的理论借鉴。纵观互联网经济效应的研究工作，有关互联网经济理论研究成果的形成主要取决于两个方面的影响。一方面，网络经济研究内容的不断丰富以及研究方法的科学应用为互联网经济的理论研究工作提供了切实参考。网络经济理论研究工作最初聚焦经济网络关系和网络型产业，重点从经济网络视角分析投入产出、组织管理等问题（Katz & Shapiro，1985；Hausmann & Hidalgo，2011），并就电力、信息、交通等具备网络型特征的产业在经济发展过程中的作用、产业自身管理、产品和服务定价等议题展开探索（Sherman，1986；Crampes & Laffont，2011）。而随着互联网的快速发展，有关互联网成本核算、收费标准，以及互联网资源配置能力、互联网服务供给等问题开始在经济学界获得广泛关注，并被学界纳入网络经济理论研究的讨论范畴（陈蓉和郭晓武，2011），甚至有关学者指出，在当前信息化快速发展的背景下，从理论研究内容来看，互联网经济的研究在某种程度上已经代表了网络经济的研究内容（乌家培，2000），网络经济的研究内容及研究方法深刻影响着互联网经济的理论研究工作。另一方面，由于互联网自身所形成的经济效应日益凸显，学界愈发关注互联网对经济活动所形成的重要影响，有关互联网经济效应的专项理论研究工作获得了显著推进。互联网对经济增长、经济发展质量等的促进作用（Choi & Yi，2009；Bertschek et al.，2016），以及其对生产效率、对外贸易、消费等形成的深刻影响（Najarzadeh et al.，2014；Freund & Weinhold，2004；Pantea & Martens，2014）在学界的研究中逐步被探索证实，互联网经济的理论研究成果不断丰富。基于上述两个方面的影响，当前互联网经济的理论研究体系已基本形成，已有理论成果正为进一步深度挖掘互联网经济效应的研究工作提供科学参考。

随着互联网经济效应研究工作的不断深入，学界对互联网发展内涵的认识也愈发明确，正如前文对当前工作总结所指出的，在已有研究中，互联网的内涵已远远突破技术范畴，互联网已经成为经济发展的关键基础设施和重要产业，互联网服务的使用也日益成为企业、行业发展的关键投入要素之一。而正是基于这些内涵界定和观察视角，学界对互联网经济效应形成的基本渠道也愈发明确，并在理论层面探索证实了互联网发展对经济的作用机制。从基础设施的角度来看，互联网的发展加快了信息交流，有利于进一步降低经济运行过程中的信息成本（Ward，1996；马淑琴和谢杰，2013），提升经济运行效率（Little & Wright，2000）；而从互联网产业发展的角度来看，互联网行业如搜索引擎、综合门户等的发展使得买卖双方、合作伙伴间的匹配效率进一步提升，市场不确定性和交易成本进一步降低（施炳展和金祥义，2019；刘斌和顾聪，2019），互联网自身与社会诸多领域的融合也进一步促进了产业的发展与经济的创新（Ater & Orlov，2015；韩先锋等，2019）；另外，如果从企业、行业的要素投入角度来看，互联网服务的使用有助于企业实现管理效率的提升以及商业模式的创新，并进一步降低企业运营成本，最终推动企业绩效水平的显著提高（杨德明和刘泳文，2018）。正是基于上述视角和相关作用机制，学界针对互联网经济开展了丰富的理论研究工作，并证实了互联网对经济增长、生产率、企业绩效等方面的影响（Choi & Yi，2009；Najarzadeh et al.，2014；Grimes et al.，2012），形成了有关互联网经济效应的系列理论研究成果，为互联网经济理论研究体系的建设和进一步完善奠定了坚实基础。

而随着互联网在全球范围内的发展和应用，互联网对国际贸易、国际分工的影响日益凸显，有关研究证实，在互联网发展促进经济增长的过程中，对外贸易往往首先受到影响，甚至成为互联网影响经济的关键渠道之一（Meijers，2014）。与此同时，互联网经济效应的作用渠道在对外贸易领域也同样显著。基于互联网基础设施建设和产业发展的影响，以及互联网服务的支持，开展国际贸易活动所面临的固定成本以及信息成本明显下降（Freund & Weinhold，2004；Lin，2015），买卖双方的信息交流效率进一步提升（张奕芳，2018），出口商与客户间的匹配程度进一步提高（Bianchi & Mathews，2016；Fernandes et al.，2019），国际分工过程中双边合作的紧密度明显加强（刘斌和顾聪，2019），继而在参与对外贸易活动的过程中，贸易主体所面临的综合贸易成本进一步下降，基于互联网服务的支持，国际贸易、国际分工活动将获得有效推进，一国参与国际合作的竞争实力、活跃程度也能明显提升，并且，从已有理论研究工作来看，这种效应和作用机制在国际贸易微观层面以及当前全球价值链分工活动中也同样表现明显。

可以说，互联网经济的系列理论研究内容已经为当前进一步的研究工作提供了切实的观察视角和明确的理论前提，而互联网对国际贸易、国际分工影响的系列成果则更加明确地为挖掘互联网发展与对外贸易、价值链分工关系等研究工作提供了直接的理论借鉴。

二、国际贸易成本研究的理论基础

贸易成本或交易成本的概念最早在新制度经济学（new institutional economics）的研究中被赋予了明确的经济学内涵。1937 年，新制度经济学奠基人罗纳德·哈里·科斯（Ronald Harry Coase）提出了交易成本的概念，并初步阐述了交易成本的基本内涵（Coase，1937）[①]；此后，相关研究进一步拓展了交易成本的内涵范畴，所谓交易成本往往包含针对交易过程中信息搜寻、议价、决策、交易执行监督、违约等多个方面的支出（Williamson，1975）。而针对国际贸易问题的研究，贸易成本同样是不容忽视的因素，但不同的是，国际贸易问题研究中，贸易成本不仅包含了交易过程所产生的相关费用，更涉及运输成本，关税、非关税、货币金融所引致的成本等（Anderson & van Wincoop，2004）。虽然，已有研究尚未形成有关国际贸易成本的专项学说，但学界在研究过程中对国际贸易成本的关注以及针对国际贸易成本开展的专项测评及研究工作已经为当前的研究奠定了明确的理论基础。

从代表性的国际贸易理论研究来看，国际贸易成本一直是学界重点关注的内容之一，并且，伴随着国际贸易的发展以及理论研究工作的深化，国际贸易成本影响的重要性正不断提升，学界对此的关注度也在显著提高。国际贸易成本最早在重商主义理论（mercantilism）的研究中就被关注，重商主义理论代表托马斯·孟（Thomas Mun）在《英国得自对外贸易的财富》一书中指出，对出口货物估值时，在明确货物原始成本后还需要考虑运费、保费以及利润等，对进口货物估值时，也同样要将装载到本国海外船只的费用、运输成本、盈利等考虑在内。[②] 而古典贸易理论的代表学者也同样关注到贸易成本问题，亚当·斯密（Adam Smith）在其研究中就曾指出，水运所负担的交易成本更低，更能够促进两地大规模的贸易活动，为两地市场、分工及产业的发展带来深刻影响。[③] 大卫·李嘉图（David Ricardo）也明确指出运输过

---

① 科斯指出，通过价格机制"组织"生产最明显的成本是发现相关价格的成本，而同时，市场中为每项交易所进行的谈判和签订合同的费用同样也应当被考虑入成本之中，这一最早的内涵界定为后期交易成本、贸易成本问题的研究奠定了明确的理论基础。参见：Coase R H. The Nature of the Firm [J]. Economica，1937，4（16）：386－405。

② 参见：托马斯·孟. 英国得自对外贸易的财富 [M]. 袁南宇，译. 北京：商务印书馆，1981。

③ 参见：亚当·斯密. 国民财富的性质和原因的研究 [M]. 郭大力，王亚楠，译. 北京：商务印书馆，2009。

程中的成本将对贸易产品的价格及消费者福利产生影响。[①] 此后，在针对古典贸易理论的拓展研究中，广大学者更为直接地关注了贸易成本问题，贸易成本变量被引入了李嘉图比较优势理论（theory of comparative advantage）的分析中（Dornbusch et al.，1977），并在此后的 EK 模型（Eaton & Kortum，2002）研究应用中不断拓展[②]，双边贸易量和贸易成本关系的方程开始建立并被简化应用（Caliendo & Parro，2012）。而在新古典贸易理论发展阶段，H-O 理论的代表学者伯尔蒂尔·戈特哈德·俄林（Bertil Gotthard Ohlin）在其著作中同样强调了贸易成本的重要性，认为不同地区商品转运费用不同，因此价格也会不同，并且运输成本对地区间贸易有重要影响，如果运输成本高于地区间的价格差，那么每个地区将自己生产所需商品，贸易活动也不会发生。[③] 另外的一些拓展研究，例如针对要素价格均等化定理在现实中并不成立的问题，广大学者也同样通过引入贸易成本等因素的影响来对理论的假设和机制做出补充解释。[④] 可以说，在国际贸易理论开始发展以及古典和新古典贸易理论阶段，国际贸易成本虽然没有直接应用于经典学说的核心内容部分，但在理论研究的过程中，学界已经关注到国际贸易成本所带来的影响，并已在关键的研究工作中被广泛提及。

第二次世界大战后，国际贸易模式发生了新的变化，以规模经济和非完全竞争市场为基础的新贸易理论发展形成。相较于传统贸易理论，新贸易理论在探究国际贸易问题的同时更为直接地考虑了贸易成本的影响，代表性研究以"冰山成本"的概念来表示贸易成本，并将贸易成本变量纳入分析模型，证实了在规模经济影响贸易的同时，降低运输成本对贸易和要素收入分

---

① 参见：大卫·李嘉图. 经济学及赋税之原理 [M]. 郭大力，王亚南，译. 上海：上海三联书店，2014。

② EK 模型由伊顿和科特姆（Eaton & Kortum，2002）基于比较优势理论提出，此后大多数有关比较优势理论的实证研究工作都以该经典模型为基础。参见：段亚丁，车维汉. 国外李嘉图比较优势理论实证研究之评述 [J]. 国际贸易问题，2014（4）：164-172。

③ 参见：贝蒂尔·奥林. 地区间贸易和国际贸易 [M]. 王继祖，等译. 北京：首都经济贸易大学出版社，2001。

④ 参见：多米尼克·萨尔瓦多. 国际经济学 [M]. 第 10 版，杨冰，等译. 北京：清华大学出版社，2011。

配等的重要作用（Krugman，1980）。① 此后，新兴古典贸易理论和新新贸易理论兴起，为国内贸易向国际贸易的内生演化以及同一产业内差异化企业在国际贸易中的行为选择等问题带来了解释。在新兴古典贸易理论体系下，贸易成本或交易费用不仅是研究工作所需关注的重要问题，更是整个理论的核心内容。新兴古典贸易理论的代表学者杨小凯在研究中引入了专业化经济和交易费用两个核心概念，并运用超边际分析方法对古典经济学中的分工思想开展分析，研究指出，国内贸易和国际贸易均面临着专业化分工和节省交易费用之间的两难冲突，国际贸易之所以在国内贸易之后发展起来，是因为同国内贸易相比，国际贸易有一些额外的交易费用。② 而在以马克·J. 梅利兹（Marc J. Melitz）等学者为代表的新新贸易理论体系下，企业所面临的贸易成本同样发挥着不可忽视的影响。梅利兹（Melitz，2003）的研究证实，期望从事出口活动的企业会面临运输、关税、市场信息获取、新建销售渠道等多个方面的贸易成本，而贸易成本的下降会显著影响企业的出口行为。另外，基于新新贸易理论的拓展研究也同样证实了贸易壁垒、贸易成本的降低会通过影响企业行为或市场选择（Bernard et al.，2003；Bernard et al.，2006）来对企业出口活动形成显著的促进作用。

　　而当前，国际贸易的发展又再次面临新的变化，全球价值链分工成为国际分工的主流形式，同时，伴随着互联网等信息技术的发展，国际贸易和国际分工的基础环境、交流形式以及开展贸易和分工的模式等也均发生了深刻

---

① 克鲁格曼（Krugman，1980）在研究中证实，即使别的地区对某一产品也有需求，人们还是有动机将该产品的生产集中于最大市场的附近，原因是有利于实现规模经济并降低运输成本。而实际上，运输成本也可能会影响要素收入分配，在其模型中，运输成本对企业生产的产品种类、实际定价等无影响，但运输成本可通过两国工资的不均等来产生作用。如果两个国家的生产成本相同，并且在更大市场附近生产从而降低运输成本的行为总是更有利可图，那么，为了保持两国的劳动力就业，这一优势就必须通过工资差别来抵消。这种影响也在某种程度上印证了针对要素均等化定理与实际情况不同的一类解释，该解释认为要素均等化现象在实际贸易活动中未发生的原因在于现实情况下贸易活动中还存在运输成本、贸易壁垒等，这使得要素均等化定理的前提假设无法得到满足。参见：Krugman P. Scale Economies, Product Differentiation, and the Pattern of Trade [J]. The American Economic Review, 1980, 70 (5): 850 – 959。

② 参见：杨小凯，张永生. 新兴古典经济学与超边际分析 [M]. 北京：社会科学文献出版社，2003。

改变。国际贸易理论研究在此背景下也进一步调整，有关全球价值链与国际分工（Koopman et al.，2014；Wang et al.，2013）、互联网与国际贸易发展（Freund & Weinhold，2004；Choi，2010；Gani & Clemes，2013；Lanz et al.，2018）等问题的研究工作获得显著推进，而在此过程中，国际贸易成本的影响依旧被学界高度关注。一方面，在开展价值链分工形成与发展特征研究的过程中，相关学者明确强调了全球价值链分工模式形成和发展与贸易成本降低、信息交流效率提升等的密切关系（王直等，2015）；另一方面，随着各国关税的进一步削减、贸易自由化发展以及国际物流运输效率的提升，传统贸易成本的边际影响正逐步下降，信息成本、搜寻成本等对贸易的影响显著提升（刘斌和顾聪，2019），国际贸易成本在研究中的重要性不仅没有降低，反而随着国际贸易活动的发展及研究工作的推进被赋予更广泛的内涵，并获得更多关注。

在经典贸易理论关注贸易成本重要影响的同时，针对贸易成本的具体测算和衡量工作也在研究中获得有序推进，广大学者开展了大量有益探索，并形成了一系列丰富的理论成果。从当前的研究来看，针对国际贸易成本开展的专项测评及研究工作主要集中于两个方面。第一，基于可观测的关税、运输成本等来对国际贸易成本进行直接测度，例如：基于各国官方机构公布的运费、保费及进口货物价值来评估贸易的从价费率（Hummels，1999），基于运输公司披露的至不同目的地的集装箱标箱运输报价来评估对外贸易的运输成本（Limao & Venables，2001），等等。第二，根据已有贸易活动对国际贸易成本开展间接测算。最早，学界曾基于传统引力模型对双边贸易成本进行间接测度（McCallum，1995；Rose，2000；Anderson & van Wincoop，2004），但随着研究工作的深入，基于传统引力模型测算贸易成本所存在的遗漏相关变量、忽视多边阻力影响以及无法开展比较静态分析等缺陷逐渐暴露。此后，国际贸易成本测算工作进一步改进，首先，多边阻力因素被引入了贸易成本的测算工作中（Anderson & van Wincoop，2003）；其次，贸易成本间接测算的模型方程获得进一步改进，诺维（Novy，2006）就基于包含双边"冰山成本"的一般均衡模型提出了改进的引力模型，优化了贸易成本的间接测算工作，使得贸易多边阻力、商品的可贸易性和不可贸易性特征以及开展比较静态分析工作等问题能够得到充分考虑（张毓卿和周才云，2015；冯宗宪等，2017），这一方法也在中国与伙伴国贸易问题的研究中获得广泛应用（钱学锋和梁琦，2008；许德友等，2010；刘斌和顾聪，2019）；最后，为解决贸易成本测度的对称性问题①，诺维（Novy，2013）又再次改进了所使用的引力模型，使得国际贸易成本间接测算工作获得进一步推进，测算方法及思路同样被广泛应用于中国对外贸易问题的研究工作中（张毓卿和周才云，2015；冯宗宪等，2017；廖涵和谢靖，2018）。贸易成本的测算衡量工作在学界的探索中不断被调整完善，结合当前国际贸易发展事实，对双边、多边以及分行业对外贸易成本开展测度的工作已经具备了明确的方法借鉴和前提基础。

从上述代表性理论成果来看，国际贸易成本的重要性从未被经典理论的研究工作所忽视，相反，伴随着国际贸易代表性学说的演进，国际贸易成本愈发在学界受到重视；同时，在已有研究工作中，国际贸易成本对贸易活动、国际分工等的重要影响基本被证实，基于贸易成本视角探究国际贸易活动的基本规律已有了明确的理论前提和参考依据；而学界针对国际贸易成本所展开的测度工作以及后续在量化方法方面的探索完善也为日后的量化测评、实证研究奠定了坚实的理论基础。

三、全球价值链分工研究的理论基础

自全球价值链分工模式形成和发展以来，学界对这种快速发展的全球分工形态给予了高度关注，并从各个视角对全球价值链分工模式的形成、演进

---

① 在理论层面，如果贸易一方既是另一方进口的来源国，同时也是对方出口的目标国，伙伴国间身份等同，那么在两国情况相同的前提下，身份等同变量对两国进出口影响的方向、大小及显著性应该是相同的，此时模型及变量的作用存在对称性；而如果两国情况不同，则身份等同变量的影响也会有明显的差异，此时模型及变量的作用则是非对称的。而在实际贸易活动中，非对称影响才是常态。参见：罗来军，等.基于引力模型重新推导的双边国际贸易检验［J］.世界经济，2014（12）：67-94。

及特征等问题开展了系列探索。与此同时，国际贸易核算工作也面临新的挑战，基于全球价值链分工模式的本质特征，国际贸易流量分解方法逐步完善，增加值贸易核算在国际贸易统计工作中愈发重要，并对国际贸易问题的研究工作形成了深刻影响。而从全球价值链分工问题研究的发展脉络来看，对全球价值链分工的探索始于国际垂直专业化问题的理论研究。

20 世纪后半期，国际贸易的发展出现了一些传统理论所无法解释的新现象。一方面，国际贸易占 GDP 的份额与关税递减之间呈现出了非线性大幅增长的态势；另一方面，发达国家与发展中国家间产业内贸易快速增长。这些在国际贸易发展过程中出现的新变化既不为传统的产业间贸易理论所解释，也无法用产业内水平分工理论来解读。在此背景下，垂直专业化理论应运而生。国际垂直专业化分工概括来说可以描述为，跨国生产链不断延长，生产链中的每个国家专业化从事特定阶段的生产与贸易的分工现象。巴拉萨（Balassa，1967）最早对这种国际分工趋势开展剖析，并将这种分工形式定义为垂直专业化，根据巴拉萨（Balassa，1967）的研究，垂直专业化分工趋势表现为商品的生产过程被分割为一条垂直的贸易链，而在这一链条上，每个国家将根据其比较优势在对应阶段的生产过程中实现附加值化。此后，克鲁格曼等（Krugman et al.，1995）又基于价值链分割视角再次对国际垂直专业化分工进行了深刻阐述，国际垂直分工的内涵与基本特征有了明确的界定。而基于国际垂直分工事实，垂直专业化分工水平的量化评价工作也获得了进一步推进，胡梅尔斯等（Hummels et al.，2001）在明确国际垂直分工内涵的同时，以一国出口中内涵的进口品份额或一国出口品被他国用于中间投入并出口的部分来衡量一国的垂直专业化分工水平，系统评价垂直专业化分工的指标工具开始形成。伊（Yi，2003）又基于动态的李嘉图贸易模型证实了垂直专业化对国际贸易增长的关键影响。国际垂直专业化分工的内涵、测评方法以及其对贸易增长等的关键作用在理论研究过程中得以明确。

在国际垂直专业化分工受到学界广泛关注的同时，部分学者开始关注国际垂直分工过程中的生产链、生产网络和价值链问题（Edgington & Hayter，1997；Ernst & Guerrieri，1998；Humphrey & Schmitz，2002），全球生产链、全球价值链等概念在学界逐步被提及。而在国际分工发展的过程中，伴随着垂直分工的深化，全球价值链分工模式逐步形成并且愈发成为国际分工的主导模式，同一产品的生产工序不断细化，各生产环节根据要素密集度差别分布于不同要素禀赋的国家或地区，中间品贸易快速发展，国际生产链条逐步拉长（王直等，2015）。在此背景下，国际分工中贸易流量的增加值分解工作开始在学界展开。胡梅尔斯等（Hummels et al.，2001）基于垂直专业化指标工具对出口价值及分工水平进行测算，开了出口增加值分解工作的先河；库普曼等（Koopman et al.，2010）又进一步拓展了出口价值的分解框架，在研究中将一国贸易的总出口价值分解为具体的五个部分，之后又进一步展开研究，在现有工作的基础上根据产品出口价值流向以及贸易方式的差别，再次将出口价值细分为九大模块（Koopman et al.，2014），全球价值链分工模式下，出口贸易的价值分解工作逐步完善。此后，王等（Wang et al.，2013）又考虑了出口的部门与行业限制，并在现有研究的基础上，搭建了国家与部门、双边、双边与部门的多层级分解框架，全球价值链分工模式下，一国出口价值最终被细化分解为十六个模块。据此，出口增加值分解的核算体系进一步精准化，相关研究工作已为当前全球价值链分工、增加值贸易等问题的研究提供了完备的方法借鉴，增加值贸易规模、价值链分工地位、增加值贸易国际竞争力、价值链分工过程中双边关系等全球价值链分工表现的评价工具也在研究中逐步建立（Koopman et al.，2010；王直等，2015；刘斌和顾聪，2019；幸炜等，2018），并广泛应用于全球价值链分工问题的探索过程，有关全球价值链分工问题的研究成果也愈发丰富。

由此，基于国际垂直分工理论以及全球价值链理论探索和增加值分解方法的探究成果开展全球价值链分工问题的研究已经具备了明确的理论基础和完备的方法借鉴。依据价值链分工逻辑进一步在理论层面对当前制造业全球价值链分工问题开展研究已有了基本的理论前提，而借鉴相关指标工具对制造业价值链分工表现开展量化测评并应用于实证分析的研究工作中也具备了必要的基础条件。

第三节　互联网对参与全球价值链分工影响的理论机制

　　从前述理论分析内容来看，在积极参与国际分工与国际贸易活动的过程中，贸易主体往往会面临包含交易费用、运输成本、关税、非关税以及信息成本等在内的国际贸易成本的制约。而随着贸易自由化发展以及国际物流运输效率的提升，传统贸易成本的边际影响正逐步下降，信息成本、搜寻成本等对贸易的影响正显著提升，另外，针对全球价值链分工模式的基础研究也表明，价值链分工的形成和发展与贸易成本的降低、信息交流效率的提升等密切关联，信息成本、搜寻成本将在当前及未来一个阶段国际贸易成本的研究中被重点关注。与此同时，互联网经济研究的理论内容表明，互联网的发展有助于国际贸易成本的降低，尤其是在当前信息成本、搜寻成本对国际分工、国际贸易影响日益显著的背景下，互联网的作用或将更为突出。根据基础理论的分析，当互联网作为基础设施影响国际贸易活动时，互联网的发展有利于加快买卖双方的信息交流，并降低信息成本；而互联网产业的快速发展也有利于提升国际贸易活动中买卖双方的匹配效率，进一步减少市场的不确定性，使得交易成本明显降低；此外，当互联网服务投入成为企业、行业不可或缺的要素时，互联网的发展还有助于提升企业管理效率，降低企业运营成本。这些根据基础理论内容所总结的互联网对国际贸易成本的影响及作用机制表明，在当前参与国际分工与国际贸易活动的过程中，互联网的发展有助于降低国际贸易成本，并且这一作用或将愈发明显，并深刻影响着当前全球价值链分工、对外贸易活动等的发展。

　　基于此，本书从贸易成本视角出发，在理论层面探究互联网对国际贸易活动、全球价值链分工的影响和作用路径，并重点针对全球价值链分工所受影响开展分析，以期搭建一个针对互联网影响全球价值链分工的理论机制。

一、互联网发展与国际贸易增长

根据互联网在国际分工、国际贸易活动中所形成的影响和机制，参照迪尔多夫（Deardorff, 1998）对双边贸易影响因素分析的思路，本书从世界市场上抽象出 c、p 两个国家开展分析，c 国为出口国，p 国为进口国，两国之间开展自由贸易。参与国际贸易活动过程中，c 国企业为获取国外市场的消费者信息，实现与 p 国进口商的高效对接，往往需要付出相应的搜寻成本和信息交流成本，这些成本与交易过程中的运输成本等共同构成了买卖双方之间的贸易成本，并引发交易产品的价格溢价，本书以 $\tau_{cp}(\tau_{cp} > 1)$ 表示因贸易成本而引发的溢价比率，$(\tau_{cp} - 1)$ 则衡量了 c 国、p 国两国交易过程中的贸易成本比率。在自由贸易条件下，c 国出口企业以 p_c 的价格水平向世界市场出售商品，而由于贸易成本的存在，事实上，p 国进口商为获得 c 国的产品需要支付 $\tau_{cp}p_c$ 的价格。

进一步地，假设进口国 p 国代表性消费者的效用函数为 CES 函数形式，因此 p 国代表性消费者的效用可表示为：

$$U_p = \left(\sum_c \beta_c q_{cp}^{\frac{\sigma-1}{\sigma}} \right)^{\frac{\sigma}{\sigma-1}} \qquad (2-1)$$

其中，$\sigma > 0$，表示商品的替代弹性；β_c 为常数，表示 p 国消费者对来自 c 国进口商品的收入支出比例；q_{cp} 表示 p 国对来自 c 国进口商品的消费；U_p 事实上衡量了 p 国消费者消费各出口国商品后的加权综合效用水平。

如前所述，由于贸易成本的存在，p 国消费者实际对消费品支出的价格为 $p_p = \tau_{cp}p_c$，因此，p 国消费者的预算约束为：

$$E_p = p_p q_{cp} = \tau_{cp}p_c q_{cp} \qquad (2-2)$$

基于约束条件下的最优化行为条件，p 国消费者对来自 c 国进口商品的需求量可以表示为：

$$q_{cp} = \frac{1}{\tau_{cp}p_c} E_p \beta_c \left(\frac{\tau_{cp}p_c}{P_p} \right)^{1-\sigma} \qquad (2-3)$$

其中，P_p 为 p 国对某一进口消费品所支付的综合价格：

$$P_p = \Big(\sum_c \beta_c \tau_{cp}^{1-\sigma} p_c^{1-\sigma} \Big)^{\frac{1}{1-\sigma}} \qquad (2-4)$$

因此，c 国对 p 国的总出口可以表示为：

$$exp_{cp} = p_c q_{cp} = \frac{1}{\tau_{cp}} E_p \beta_c \left(\frac{\tau_{cp} p_c}{P_p} \right)^{1-\sigma} = \tau_{cp}^{-\sigma} E_p \beta_c \left(\frac{p_c}{P_p} \right)^{1-\sigma} \qquad (2-5)$$

其中，exp_{cp} 表示 c 国对 p 国的总出口额。显然，从均衡结果来看，在 c 国、p 国两国进出口交易过程中，交易成本越大，c 国对 p 国的总出口越小。而伴随着互联网的发展，互联网基础设施的逐步完善使得出口企业可以通过更为便捷的方式获取国外市场的需求信息（Clarke，2008；Bianchi & Mathews，2016），互联网即时通信等服务则能够进一步提升买卖双方的信息交流效率（Timmis，2013；Fernandes et al.，2019），促进 c 国出口企业与 p 国进口商的高效对接，相应地，出口企业所面临的搜寻匹配成本和信息交流成本将会明显下降，两国间贸易成本也会进一步降低。本书以 $internet$ 表示互联网发展水平，引入分析模型，继而 $\partial \tau_{cp} / \partial internet < 0$，伴随着互联网发展水平的提升，交易过程中因贸易成本引发的溢价比率也将逐步下降（潘家栋和肖文，2018）。而考虑互联网影响后，c 国对 p 国的总出口也可以进一步表示为：

$$exp_{cp} = \tau_{cp}(internet)^{-\sigma} E_p \beta_c \left(\frac{p_c}{P_p} \right)^{1-\sigma}, \quad \partial \tau_{cp} / \partial internet < 0 \qquad (2-6)$$

显然，在均衡条件下，当考虑互联网发展的影响后，伴随着互联网发展水平的提升，两国包含信息交流成本等在内的交易成本明显下降，继而 c 国对 p 国的总出口实现增长，互联网的发展促进了国际贸易的进一步扩张。

二、互联网发展与全球价值链分工

进一步地，考虑全球价值链分工模式下互联网发展所带来的影响。同样，本书从世界市场上抽象出 c 国、p 国两个国家开展分析。与传统的国际贸易不同，在全球价值链分工模式下，一国既会独立生产本国所需商品，也会参与国际垂直分工，生产复杂商品（van Long et al.，2005；刘斌等，2018）。

假设 c 国、p 国两国均分别在某一领域内生产简单商品 Y_1 和复杂商品 Y_2，两国之间开展自由贸易。不过，在全球价值链分工模式下，两国间因运输、信息交流等而产生的交易成本依旧存在，并且，由于全球价值链分工涉及更为复杂的中间品跨境交易以及产品的多次价值往来，参与国际分工的企业不仅需要为寻求相应的中间投入而付出搜寻成本，更需要在复杂的生产过程中不断加强与国外合作者的信息交流，全球价值链分工模式下，信息搜寻成本、交流匹配成本等的边际影响更为明显（刘斌和顾聪，2019）。同样以 $\tau_{cp}(\tau_{cp} > 1)$ 表示因贸易成本存在而引发的溢价比率，$(\tau_{cp} - 1)$ 衡量了 c 国、p 国两国交易过程中的贸易成本比率。

（一）生产函数

针对 c 国，假设简单商品 Y_{c1} 的生产由单一劳动投入所决定：

$$Y_{c1} = \frac{L_{c1}}{a_{c1}} \qquad (2-7)$$

其中，L_{c1} 为商品 Y_{c1} 生产所投入的劳动量；a_{c1} 为生产每单位 Y_{c1} 所需的劳动投入；a_{c1} 实际衡量了 Y_{c1} 的单位劳动生产率。令 Y_{c1} 为计价商品，且 $P_{Yc1} = 1$，因此 c 国的劳动工资水平为：

$$\omega_c = \frac{1}{a_{c1}} \qquad (2-8)$$

假设在全球价值链分工背景下，复杂商品 Y_{c2} 的生产取决于本国技术水平与中间产品的投入，因此：

$$Y_{c2} = f(A_c, D_c) \qquad (2-9)$$

其中，A_c 表示 c 国生产的技术水平；D_c 表示 c 国生产 Y_{c2} 所需投入的中间品；D_c 由国内外中间要素投入构成，并结合外生的劳动投入推动 Y_{c2} 的生产。进一步假设国内中间投入和国外中间投入之间存在一定的替代关系，并满足 CES 函数形式，即：

$$D_c = \left[\left(\sum_{i=1}^{n} x_{ci} \right)^{\frac{\sigma-1}{\sigma}} + \left(\sum_{j=1}^{m} x_{pj} \right)^{\frac{\sigma-1}{\sigma}} \right]^{\frac{\sigma}{\sigma-1}} = \left(X_c^{\frac{\sigma-1}{\sigma}} + X_p^{\frac{\sigma-1}{\sigma}} \right)^{\frac{\sigma}{\sigma-1}}, \ \sigma > 1 \qquad (2-10)$$

其中，x_{ci} 和 x_{pj} 分别表示 c 国国内和来自 p 国的各类中间投入要素，$i = 1$，$\cdots$，n 表示 x_{ci} 的种类，$j = 1$，$\cdots$，m 表示 x_{pj} 的种类，X_c 和 X_P 则分别表示 c 国生产 Y_{c2} 投入的中间品 D_c 中国内和国外中间投入的总和。令 x_{ci} 和 x_{pj} 的价格分别为 P_i 和 P_j，因此：

$$P_{Xc} = \sum_{i=1}^{n} r_i P_i \qquad (2-11)$$

$$P_{Xp} = \sum_{j=1}^{m} r_j P_j \qquad (2-12)$$

但由于贸易成本的存在，实际上，c 国生产 Y_{c2} 的过程中所支付的国外中间投入品价格为 $\tau_{cp} P_{Xp}$。因此，对于 Y_{c2} 的生产来说，由国内和国外中间投入品价格及劳动力工资构成的中间投入品 D_c 的综合价格可以表示为：

$$P_{Dc} = [P_{Xc}^{1-\sigma} + (\tau_{cp} P_{Xp})^{1-\sigma}]^{\frac{1}{1-\sigma}} + \omega_c \qquad (2-13)$$

进一步地，根据最优化选择原理，存在：

$$\left(\frac{X_p}{X_c}\right)^{\frac{1}{\sigma}} = \frac{P_{Xc}}{\tau_{cp} P_{Xp}} \qquad (2-14)$$

对应地，针对 p 国的生产，其简单商品 Y_{p1} 的生产函数为：

$$Y_{p1} = \frac{L_{p1}}{a_{p1}} \qquad (2-15)$$

其中，L_{p1} 为商品 Y_{p1} 生产所投入的劳动量；a_{p1} 为生产每单位 Y_{p1} 所需的劳动投入，a_{p1} 同样衡量了 Y_{p1} 的单位劳动生产率。同样，令 Y_{p1} 为计价商品，且 $P_{Yp1} = 1$，因此，p 国的劳动工资水平为：

$$\omega_p = \frac{1}{a_{p1}} \qquad (2-16)$$

同时，跨国分工背景下，p 国复杂商品 Y_{p2} 的生产也同样取决于本国技术水平与中间产品的投入，因此：

$$Y_{p2} = f(A_p, D_p) \qquad (2-17)$$

其中，A_p 为 p 国生产的技术水平。同样，参照前述分析，Y_{p2} 生产所需投入的中间品 D_p 也由国内外中间要素构成：

$$D_p = \Big[\Big(\sum_{i=1}^{n} x_{ci} \Big)^{\frac{\sigma-1}{\sigma}} + \Big(\sum_{j=1}^{m} x_{pj} \Big)^{\frac{\sigma-1}{\sigma}} \Big]^{\frac{\sigma}{\sigma-1}} = (X_c^{\frac{\sigma-1}{\sigma}} + X_p^{\frac{\sigma-1}{\sigma}})^{\frac{\sigma}{\sigma-1}}, \ \sigma > 1 \qquad (2-18)$$

对称地，由于贸易成本引发的价格溢价 τ_{cp} 的存在，p 国实际支付的国外中间品价格为 $\tau_{cp} P_{Xc}$，生产 Y_{p2} 时，中间投入品 D_p 的综合价格也由国内和国外中间投入品价格及劳动力工资构成：

$$P_{Dp} = \big[(\tau_{cp} P_{Xc})^{1-\sigma} + P_{Xp}^{1-\sigma} \big]^{\frac{1}{1-\sigma}} + \omega_p \qquad (2-19)$$

同样，根据最优化配置原则，在 p 国的生产过程中存在：

$$\Big(\frac{X_p}{X_c} \Big)^{\frac{1}{\sigma}} = \frac{\tau_{cp} P_{Xc}}{P_{Xp}} \qquad (2-20)$$

(二) 全球价值链分工

综合上述分析，基于公式 (2-13) 和公式 (2-14)，可以进一步将 P_{Dc} 表示为：

$$P_{Dc} = \tau_{cp} P_{Xp} \Big[\Big(\frac{X_p}{X_c} \Big)^{\frac{1-\sigma}{\sigma}} + 1 \Big]^{\frac{1}{1-\sigma}} + \omega_c \qquad (2-21)$$

$$P_{Dc} = P_{Xc} \Big[1 + \Big(\frac{X_c}{X_P} \Big)^{\frac{1-\sigma}{\sigma}} \Big]^{\frac{1}{1-\sigma}} + \omega_c \qquad (2-22)$$

为进一步简化分析，令：

$$X' \Big(\frac{X_p}{X_c} \Big) = \Big[\Big(\frac{X_p}{X_c} \Big)^{\frac{1-\sigma}{\sigma}} + 1 \Big]^{\frac{1}{1-\sigma}} \qquad (2-23)$$

$$X'' \Big(\frac{X_c}{X_p} \Big) = \Big[1 + \Big(\frac{X_c}{X_p} \Big)^{\frac{1-\sigma}{\sigma}} \Big]^{\frac{1}{1-\sigma}} \qquad (2-24)$$

由于 $\sigma > 1$，因此，X' 表示来自 p 国的中间投入品较来自 c 国的中间投入品使用的情况，当 X_p/X_c 增长时，即复杂产品生产使用的中间投入品中，来自 p 国的中间价值相对提升时，X' 增长；X'' 衡量了来自 c 国的中间投入品较来自 p 国的中间投入品使用情况，当 X_c/X_p 增长时，即复杂产品生产使用的中间投入品中，来自 c 国的中间价值相对提升时，X'' 增长。继而 c 国生产复杂产品 Y_{c2} 时所需中间投入品 D_c 的综合价格 P_{Dc} 可以进一步表示为：

$$P_{Dc} = \tau_{cp} P_{Xp} X' + \omega_c \qquad (2-25)$$

$$P_{Dc} = P_{Xc}X'' + \omega_c \qquad\qquad (2-26)$$

对应地，针对 p 国在生产复杂产品 Y_{p2} 时所需投入的中间品 D_p，参照前述分析，结合公式（2-19）和公式（2-20），其综合价格 P_{Dp} 也可以进一步表示为：

$$P_{Dp} = P_{Xp}X' + \omega_p \qquad\qquad (2-27)$$

$$P_{Dp} = \tau_{cp}P_{Xc}X'' + \omega_p \qquad\qquad (2-28)$$

在全球价值链分工模式下，相对于 p 国，当 c 国某一行业领域的比较优势集中于密集劳动分工阶段，即 $a_{c1} > a_{p1}(\omega_c < \omega_p)$ 时，c 国更多地进口使用 p 国的中间价值，此时 c 国和 p 国的开放分工模式如图2-1所示。

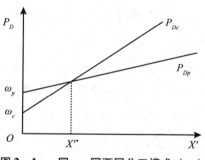

图2-1　c 国、p 国两国分工模式（一）

而相对于 c 国，当 p 国某一领域的比较优势集中于密集劳动分工阶段，即 $a_{p1} > a_{c1}(\omega_p < \omega_c)$ 时，p 国更多地进口使用 c 国的中间价值，此时 c 国和 p 国的开放分工模式如图2-2所示。

（三）互联网与跨国分工

考虑互联网发展所带来的影响，根据前述分析，一国互联网基础设施平台的发展完善为参与国际分工的企业提供了更为便捷的信息搜寻渠道，有利于企业以更低的成本获取中间投入品供给信息。而两国间互联网通信服务又能进一步促进信息沟通成本的下降，使得跨国协作过程中复杂生产的远距离

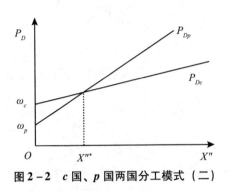

图 2-2 c 国、p 国两国分工模式（二）

协调成为可能，全球价值链中复杂的中间品跨境交易以及产品的多次价值往来所面临的成本及不确定性也将大大降低。在全球价值链分工模式下，互联网发展水平的提升更有利于两国间贸易成本的下降。同样以 *internet* 来表示互联网发展水平，继而存在 $\partial \tau_{cp}/\partial internet < 0$。

基于图 2-1，在 c 国更多进口使用 p 国中间价值的行业领域内，随着 τ_{cp} 的下降，c 国所付出的国外中间价值进口成本不断降低，P_{Dc} 曲线的斜率变小，曲线向下偏转至 P'_{Dc} 的位置，如图 2-3 所示。此时，均衡点对应的 X' 由原来的 X'^* 向右移动到 X'^{**} 的位置，这一变化表明，由于互联网发展引致贸易成本下降，在 Y_{c2} 的生产过程中，来自于 p 国中间价值的相对份额进一步增长。

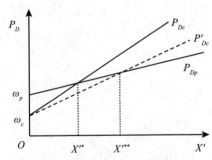

图 2-3 互联网发展与 c 国、p 国两国分工（一）

基于图 2-2，p 国更多进口使用 c 国中间价值时，随着 τ_{cp} 的下降，p 国所付出的国外中间价值进口成本不断降低，P_{Dp} 曲线的斜率变小，曲线向下偏转至 P'_{Dp} 的位置，如图 2-4 所示。此时，均衡点对应的 X'' 由原来的 X''^* 向右移动到 X''^{**} 的位置，这一变化表明，由于互联网发展引致贸易成本下降，在 Y_{p2} 的生产过程中，来自 c 国中间价值的相对份额进一步增长。

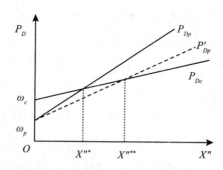

图 2-4　互联网发展与 c 国、p 国两国分工（二）

综合以上讨论，可以明确的是，在全球价值链分工背景下，互联网的发展通过影响国际贸易成本继而对各国参与全球价值链分工产生了显著影响，互联网发展水平越高，越有利于价值链分工过程中国际贸易成本的降低，一国增加值出口也能获得进一步增长。与此同时，当本国与贸易伙伴国双边增加值流动进一步频繁时，全球价值链分工模式下，本国与伙伴国之间的双边价值链关联程度也会进一步紧密。

三、出口增加值与价值链分工地位

从全球价值链分工表现的内涵总结来看，在增加值分解方法探究工作获得有效推进的同时，全球价值链分工表现的评价机制建设和研究工作也获得了明显进展。但同时，学界的研究也表明，在开展价值链分工表现评价的过程中，学界不仅关注增加值贸易、分工主体间的双边价值链关联等问题，更重视分工主体在参与全球价值链分工过程中所处的位置或所争取的分工地位。

而从主流增加值分解方法及研究工作的表述来看，一般情况下，分工主体在参与全球价值链分工的过程中，如果其能够为他国的生产活动提供更多的中间投入价值，那么该分工主体往往处于价值链上游高端环节，所获得的分工地位也更高（Koopman et al.，2010；Wang et al.，2013）。这一判断依据获得学界的一致认可，并被广泛应用于有关全球价值链问题的研究工作中（刘斌等，2015；郑淑芳等，2020；王厚双和盛新宇，2020），基于价值链分工地位内涵所构建的分工地位评价指标也愈发丰富，并为各国参与全球价值链分工表现的评价工作提供了科学的方法支撑。

而从前述互联网对全球价值链分工影响的理论分析来看，互联网发展水平越高，越有利于价值链分工过程中国际贸易成本的降低，一国增加值出口也能获得进一步增长。同时，参照全球价值链分工地位的内涵表述，互联网对全球价值链分工所形成的作用不仅会影响分工主体的增加值贸易规模以及分工主体间的双边价值链关联程度，更会对其分工地位形成显著作用。基于公式（2-25）和公式（2-27），可以明确的是：

$$\frac{\partial X'}{\partial \tau_{cp}} = -(\tau_{cp} - 1)^{-2}\left(\frac{\omega_p - \omega_c}{P_{Xp}}\right) \tag{2-29}$$

此时，$\omega_c < \omega_p$，$\tau_{cp} > 1$，$\partial X'/\partial \tau_{cp} < 0$，$X'$是$X_p/X_c$的函数，$X'$增长意味着来自$p$国的中间价值相对提升。公式（2-29）表明，在$c$国基于比较优势参与劳动密集阶段分工的行业领域内，$p$国将会为$c$国的生产提供更多中间价值，而$\partial \tau_{cp}/\partial internet < 0$，伴随着互联网发展水平的提升，$\tau_{cp}$进一步下降，$X'$提升，$p$国为$c$国生产提供的中间价值进一步增加，$p$国参与全球价值链分工中所获得的分工地位也会相应地提升。公式（2-29）的分析也进一步印证了图2-1向图2-3的变化情况。进一步地，基于公式（2-26）和公式（2-28），可以明确的是：

$$\frac{\partial X''}{\partial \tau_{cp}} = -(\tau_{cp} - 1)^{-2}\left(\frac{\omega_c - \omega_p}{P_{Xc}}\right) \tag{2-30}$$

此时，$\omega_p < \omega_c$，$\tau_{cp} > 1$，$\partial X''/\partial \tau_{cp} < 0$，$X''$是$X_c/X_p$的函数，$X''$增长意味着来自$c$国的中间价值相对提升。公式（2-30）表明，在$p$国基于比较优势参

与劳动密集阶段分工的行业领域内，c 国将会为 p 国的生产提供更多中间价值，而 $\partial\tau_{cp}/\partial internet < 0$，伴随着互联网发展水平的提升，$\tau_{cp}$ 进一步下降，X'' 提升，c 国为 p 国生产提供的中间价值进一步增加，c 国参与全球价值链分工中所获得的分工地位也会相应地提升。公式（2-30）的分析也进一步印证了图 2-2 向图 2-4 的变化情况。

可以明确的是，伴随着互联网的发展，全球价值链分工所面临的贸易成本将明显下降，而价值链分工过程中的增加值往来则进一步增长，分工主体在主要行业领域内将会为伙伴国的生产提供更多中间价值，其所获得的分工地位也会相应提升。

四、行业网络密集度与互联网影响

本书的研究以制造业为基础，研究工作重点分析互联网对中国制造业价值链分工的影响。而从当前已有研究成果以及本章的前述分析来看，在互联网影响行业参与全球价值链分工过程中，互联网对价值链分工表现的影响除受限于互联网发展水平外，行业网络密集度也会对互联网影响的发挥形成显著作用。这种作用在互联网发挥影响的过程中表现为，一国互联网发展水平与制造行业网络密集度水平的匹配程度越高，互联网越能够满足制造行业对互联网赋予优势的需求，互联网对行业参与国际分工的影响越大；而匹配程度越低，互联网发展与行业自身发展特征越不对称，互联网影响的发挥也越受限。因此，在关注互联网对全球价值链分工影响的同时，有必要进一步在理论层面探究制造行业网络密集度所形成的具体作用。

基于上述思考，本书在关注互联网贸易成本削减机制的同时，进一步从行业视角出发开展分析。假设 k 行业领域内，c 国和 p 国开展双边贸易过程中因贸易成本存在而引发产品溢价，溢价比率为 $\tau_{cpk}(\tau_{cpk} > 1)$，$(\tau_{cpk} - 1)$ 则衡量了 c 国、p 国两国 k 行业领域内的贸易成本比率。并且，由于互联网发展水平的提升促进了一国企业搜寻匹配成本的降低，提升了两国间的信息交流效率，$\partial\tau_{cpk}/\partial internet < 0$，而考虑行业网络密集度，存在 $\partial\tau_{cpk}/\partial(|internet_c - ini_k|) > 0$ 及

$\partial \tau_{cpk} / \partial (\left| internet_p - ini_k \right|) > 0$，其中，$ini_k$ 代表了 k 行业的网络密集度，当 c 国、p 国两国间互联网发展水平提升时，其在 k 行业领域内所面临的贸易成本会显著下降，但同时，若某一国自身互联网发展水平与行业网络密集度水平并不匹配时，互联网作用的发挥也会受到明显限制，这种不匹配问题的存在反而会导致行业的过度投资，交易过程面临的成本有所增加。此时，结合图 2-3 和图 2-4 的分析结论，在互联网发展水平提升的情况下，两国的分工态势出现变化，如图 2-5 和图 2-6 所示。

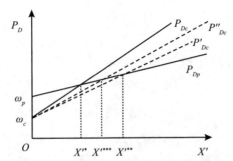

图 2-5　网络密集度与 c、p 两国分工（一）

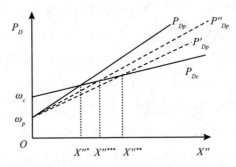

图 2-6　网络密集度与 c、p 两国分工（二）

根据图 2-5 所示情况，互联网发展水平的提升进一步降低了 k 行业领域内的贸易成本，而随着 τ_{cpk} 的下降，c 国所付出的国外中间价值进口成本不断降低，P_{Dc} 曲线的斜率变小，曲线向下偏转至 P'_{Dc} 的位置，一般情况下，均衡

点对应的 X' 由原来的 X'^* 向右移动到 X'^{**} 的位置。但由于互联网发展水平与制造行业网络密集度差距的存在，事实上，互联网的成本削减效应并不能完全发挥，P_{Dc} 曲线仅会偏转至 P''_{Dc} 处，此时，均衡点对应的 X' 处于 X'^{***} 的位置。这表明，互联网发展将引致贸易成本的下降，使得 Y_{c2} 生产过程中来自于 p 国中间价值的相对份额进一步增长，但互联网发展水平与制造行业网络密集度差距的存在会限制互联网促进作用的发挥，来自 p 国增加值的相对份额较最高水平状态有所降低。

同样，在图 2-6 所示的情况下，互联网发展水平的提升进一步降低了 k 行业领域内的贸易成本，而随着 τ_{cpk} 的下降，P_{Dp} 曲线的斜率变小，曲线向下偏转至 P'_{Dp} 的位置，均衡点对应的 X'' 由原来的 X''^* 向右移动到 X''^{**} 的位置。但同时，由于互联网发展水平与制造行业网络密集度差距的存在，互联网成本削减效应的发挥再次受限，这种情况下，P_{Dp} 仅会偏转至 P''_{Dp} 处，均衡点对应的 X'' 处于 X''^{***} 的位置。这一情况表明，互联网的发展将引致贸易成本下降，继而在 Y_{p2} 的生产过程中来自于 c 国中间价值的相对份额进一步增长，但互联网发展水平与制造行业网络密集度差距的存在会限制互联网促进作用的发挥，使得来自 c 国增加值的相对份额较最高水平状态也有所降低。

显然，从上述分析来看，在考虑行业网络密集度的情况下，互联网对全球价值链分工的影响依旧存在，互联网发展水平的提升有助于一国向伙伴国出口更多的本国增加值，全球价值链分工模式下增加值贸易规模进一步扩张。但同时，当一国互联网发展水平与行业自身的网络密集度水平存在差距时，互联网的这种促进作用会明显受限，增加值贸易规模也会有所缩减，制造行业网络密集度在互联网发挥影响的过程中能够形成显著的控制作用。

第四节　本　章　小　结

本章结合研究主题，重点梳理了本书研究所涉及的几个关键变量的经济学内涵，并就研究工作开展的基础理论内容进行总结介绍，为探索互联网发展对中国制造业全球价值链分工的影响及行业网络密集度在此过程中所形成的作用设定基本的理论前提和总体界限。在此基础上，本书结合已有研究的分析思路，从贸易成本视角出发，在理论层面探究互联网对国际贸易活动、全球价值链分工的影响和作用路径，并进一步考虑了制造行业网络密集度在此过程中所形成的作用，搭建了一个针对互联网影响全球价值链分工的理论机制。

理论分析的研究结论表明，互联网发展、全球价值链分工表现以及制造行业网络密集度的内涵已基本明确，互联网已远远突破技术范畴，并已成为经济发展的关键基础设施，互联网服务的使用也日益成为企业、行业发展的关键投入要素，而互联网行业对其他产业所形成的深刻影响也成为评价互联网发展水平及其经济效应的关键因素；同时，针对全球价值链分工问题，在参与全球价值链分工过程中，产业在增加值贸易规模、价值链分工合作关系以及争取价值链分工地位等方面的行为特征往往能够客观地体现其参与全球价值链分工的基本表现，全球价值链分工表现的评价体系愈发明确；此外，制造行业网络密集度可以明确为制造业对互联网使用的依赖程度或互联网的使用以及互联网行业的发展对制造业所赋予的优势程度，互联网影响下的制造行业自身特征得以明确体现，在互联网对全球价值链分工影响的过程中，互联网发展水平与制造行业网络密集度水平差距很可能会对互联网影响的发挥形成显著的作用。

进一步的基础理论总结工作表明，开展互联网经济效应、贸易效应的研究具备明确的理论前提，基于网络经济理论以及已有研究工作中互联网对经济、贸易影响的作用机制，充分挖掘互联网发展与对外贸易、全球价值链分工关系等研究工作在理论层面已获得明确支持；与此同时，有关国际贸易成本的基础理论研究内容也为互联网贸易成本削减机制的探究提供了关键参考依据，而学界针对国际贸易成本所展开的测度工作以及后续在量化方法方面的探索完善也为后期的实证研究奠定了坚实的理论基础；此外，针对全球价值链分工的相关理论总结也表明，全球价值链分工问题的研究同样也有了明确的理论基础和完备的方法借鉴，依据价值链分工逻辑和已有指标工具开展价值链分工表现评价及分析工作已具备了必要的基础条件。

最后，从互联网与全球价值链分工的机制分析来看，在理论层面，互联网的发展确实能够显著促进对外贸易规模的扩张，并深刻影响着全球价值链的发展，互联网发展水平越高，国家间增加值出口规模越大，本国与伙伴国双边价值链关联程度也进一步提升；互联网对国际贸易、全球价值链影响的发挥主要通过贸易成本削减机制来实现，而制造行业网络密集度在此过程中同样发挥着显著作用，互联网发展水平与制造行业自身的网络密集度水平差距越大，互联网影响的发挥也越受限。

第三章
中国互联网发展水平与制造业价值链
分工表现评价

　　在全球价值链深化发展的今天，制造业国际分工格局已发生深刻变化，依据比较优势的差异，各国分别参与到全球生产链的不同分工环节，制造业商品价值的多次跨境流动成为常态，增加值贸易规模日益扩大。在此背景下，积极融入全球价值链分工环节、提升价值链分工地位、优化全球价值链分工表现成为各国制造业参与国际竞争的重要任务。而伴随着互联网的快速发展，互联网对全球价值链分工的影响逐步在学界的研究中被证实，正如前述分析所总结的，互联网的发展既是全球价值链分工模式形成的关键前提，又为全球价值链分工的深化提供了重要驱动力。

　　中国是世界公认的制造大国，同时也是制造业全球价值链分工环节中不可替代的参与主体，根据《全球价值链发展报告 2017》所公布的信息，中国事实上已成为全球价值链中的三大生产中心之一（魏龙和王磊，2016）。继续优化制造业价值链分工表现同样也是中国建设制造强国、实现对外贸易转型升级的关键任务。与此同时，互联网发展所形成的深刻影响也为中国优化国际分工表现构筑了强劲动力，学界的研究发现，互联网的使用深度改变了全球价值链体系中的分工模式，为中国向全球价值链高端环节攀升提供了绝佳机会（裴长洪和刘斌，2019）。因此，基于当前制造业全球价值链分工的基本特征以及互联网在此过程中形成的作用，结合中国制造业自身发展实际，积极探索互联网发展对中国制造业参与全球价值链分工的影响有着显著的必要性和现实意义。而在探索工作开展之前，对中国互联网发展水平进行综合评价，并基于比较分析，明确中国互联网发展的基本态势，同时参照已有研究思路和评价体系，进一步明确中国制造业参与全球价值链分工表现的现状以及世界样本范围内制造行业网络密集度发展的基本特征，这能够为中国继续优化制造业价值链分工表现、明确制造业参与国际竞争的关键驱动力提供更为直接、更具针对性的参考，也能使得深化互联网对中国制造业参与全球价值链分工影响的研究具备明确的前提基础。

基于此，本书结合已有研究和前期的分析工作，重点对互联网发展水平、全球价值链分工表现以及制造行业网络密集度的评价方法进行梳理和拓展，以期形成一套专门针对本书核心变量量化工作的评价体系，并基于本书的评价工具，对中国互联网发展态势、中国制造业全球价值链分工表现、世界样本范围内制造行业网络密集度发展特征等开展比较分析，从而明确当前中国互联网发展以及制造业参与全球价值链分工的典型事实，为中国继续优化制造业国际分工表现提供直接借鉴，也为本书后续实证研究工作的展开设定基本前提。

第一节　互联网发展水平及价值链分工表现评价方法介绍

在厘清本书核心变量经济学内涵，明确关键变量主要评价视角的基础上，本书首先基于已有研究工作，结合研究的核心议题，对关键变量的评价指标及衡量方法进行梳理介绍，并进一步拓展完善，形成专门针对互联网发展、全球价值链分工表现以及行业网络密集度水平衡量的评价体系。

一、互联网发展水平评价指标及衡量方法

从前述对互联网发展的经济学内涵的总结来看，互联网已经成为社会经济发展的关键基础设施，互联网服务的使用也日益成为企业、行业发展的关

键投入要素之一，而互联网产业自身的投入与产出以及其对其他行业形成的深刻影响也成为评价互联网发展及其经济效应的关键考量因素。因此，在开展互联网发展水平评价工作时，本书充分考虑互联网的使用、互联网设施建设、互联网相关产业投入与产出等的情况，以充分评估互联网发展的综合水平。

根据现有研究，参照潘家栋和肖文（2018）、黄群慧等（2019）、韩先锋等（2019）以及谭用等（2019）基于互联网系列数据评价互联网发展水平的思路及所选择的代理指标，评价过程中，互联网应用方面，本书重点考虑互联网普及率、固定宽带普及率以及移动互联网普及率的影响，确定这三个方面的代理指标来评价当前经济社会中互联网的应用水平。其中，互联网普及率以互联网网民占总人口的百分比进行衡量，固定宽带普及率以每百人固定宽带用户数进行衡量，移动互联网普及率则通过统计每百人移动蜂窝网络用户数进行评价。互联网基础设施建设水平评价方面，本书重点明确设备投入及安全保障两个方面因素的关键作用，以每百人所拥有的电话线路数量作为互联网关联基础设施普及率的代理变量，以每百万人安全互联网服务器拥有量衡量互联网安全保障水平。此外，在互联网相关产业的投入与产出水平评价方面，本书分别以电信业、计算机信息服务业从业人员投入以及行业相对产出水平来作为代表性评价指标。

基于上述工作，最终，本书确定有关互联网发展的四个方面九类评价指标，指标的类别归属、名称、衡量方法等信息如表3-1所示。

表3-1　　　　　　　　　互联网发展水平评价指标及内涵解释

序号	类别	指标	衡量方法
1	互联网应用	互联网普及率	互联网网民占总人口的百分比
2		固定宽带普及率	每百人固定宽带用户数
3		移动互联网普及率	每百人移动蜂窝网络用户数
4	互联网基础设施建设水平	互联网关联基础设施普及率	每百人所拥有的电话线路数量
5		互联网基础设施普及率	每百万人安全互联网服务器拥有量

续表

序号	类别	指标	衡量方法
6	互联网相关产业投入	互联网相关产业从业人员（一）	电信业从业人员所占百分比
7		互联网相关产业从业人员（二）	计算机信息服务业从业人员所占百分比
8	互联网相关产业产出	互联网相关产业产出（一）	电信业产出所占百分比
9		互联网相关产业产出（二）	计算机信息服务业产出所占百分比

　　基于上述指标选择，本书就中国及其主要贸易伙伴国的综合互联网发展水平开展评价工作。为获得综合发展水平评价结果，本书主要参照威尔逊等（Wilson et al.，2003）、刘斌等（2018）的做法，以计算熵值的综合评价模型对各指标赋予相关权重，并在此基础上进行综合计算。熵值赋权法是一种客观的赋权方法，其主要根据所选指标观测值提供的信息大小来确定各指标的具体权重，在计算过程中，本书首先以 I_{st} 来表示评价互联网发展水平的各个指标，其中 $s=1$，2，3，…，9 表示指标的种类，$t=1$，2，3，…，t 表示时间，互联网发展指标的数据结构由此可以表示为：

$$\begin{bmatrix} I_{11} & I_{21} & I_{31} & \cdots & I_{91} \\ I_{12} & I_{22} & I_{32} & \cdots & I_{92} \\ I_{13} & I_{23} & I_{33} & \cdots & I_{93} \\ \vdots & \vdots & \vdots & & \vdots \\ I_{1t} & I_{2t} & I_{3t} & \cdots & I_{9t} \end{bmatrix} \quad (3-1)$$

　　在此基础上，本书对指标进行标准化处理，标准化处理方法基于公式（3-2）展开：

$$I_{st}' = \frac{I_{st} - \min(I_{st})}{\max(I_{st}) - \min(I_{st})} + 1 \quad (3-2)$$

其中，$\min(I_{st})$ 表示样本期内指标的最小值，$\max(I_{st})$ 则衡量了样本期内指标的最大值。为避免负值或 0 值结果，在标准化处理过程中，本书统一采用了标准化值加 1 的形式来对数据结果进行非负化处理。[①] 基于公式（3 - 2）的工作，进一步计算第 t 年 s 类指标占样本期内该指标的具体权重：

$$H_{st} = \frac{I'_{st}}{\sum_{t} I'_{st}} \qquad (3-3)$$

其中，H_{st} 表示 t 年 s 类指标占样本期内该指标的具体权重。基于公式（3 - 3）的测算结果，可进一步计算指标的信息熵：

$$E_s = -T \sum_{t=1}^{t} \left[H_{st} \ln(H_{st}) \right] \qquad (3-4)$$

其中，$T = 1/\ln(t)$，在计算熵值的综合评价模型中，指标的信息熵衡量了指标值的变异程度，信息熵越小，指标值变异程度越大，指标所能提供的信息量越大，对综合水平的评价作用越高，该指标的权重也越大。而基于公式（3 - 4）计算得出信息熵后，则可进一步计算指标的信息效用值：

$$R_s = 1 - E_s \qquad (3-5)$$

其中，R_s 即表示信息效用值。所谓信息效用值又被称为信息熵冗余度，它取决于信息熵和 1 之间的差距，某一指标信息效用值或信息熵冗余度越高，越有助于减少信息传递过程中的干扰，该指标对综合评价的重要性也就越高。在获得指标信息熵冗余度的基础上，各指标的最终权重得以确定：

$$W_s = \frac{R_s}{\sum_{s=1}^{9} R_s} \qquad (3-6)$$

其中，W_s 即为本书所确定的各类互联网发展水平评价指标的具体权重，在明确指标权重的前提下，基于样本数据，可进一步测算互联网综合发展水平：

$$internet_t = \sum_{s=1}^{9} W_s I'_{st} \qquad (3-7)$$

基于公式（3 - 7）计算所得的 $internet$ 值即为一国互联网综合发展水平评价结果，指标测算结果越大，表明一国的互联网综合发展水平越高。

---

① 在计算熵值的综合评价模型后续步骤内，计算过程会涉及对指标取对数的计算过程，因此，此处本书需要保证标准化处理后的数据结果为正。

二、全球价值链分工表现评价指标及衡量方法

基于前期内涵界定的总结工作可知，学界在关注一国或一国产业参与全球价值链分工问题时，首先，关注其价值链贸易、增加值贸易规模等情况，从而明确一国参与全球价值链分工的真实利得，评价其参与全球价值链分工的基本表现。其次，在此基础上，学界进一步将研究焦点集中于价值链分工关系及分工地位或竞争力问题上。一方面，部分研究从双边合作视角出发，关注一国在全球价值链分工过程中与伙伴国合作的紧密度，并基于双边价值链关联视角来评价该国在分工过程中的影响力和综合表现；另一方面，部分研究则基于价值链分工地位等专项指标来直接测算一国或其代表性产业在价值链分工过程中的竞争力。本书同样从以上视角出发，对中国制造业参与全球价值链分工的表现进行评价。

此外，从全球价值链分工的相关理论研究来看，全球价值链的深化发展以及价值链分工过程中增加值分解方法的不断完善已为当前一国或一国产业全球价值链分工表现的评价工作奠定了坚实的方法基础。在胡梅尔斯等（Hummels et al.，2001）、库普曼等（Koopman et al.，2010）、王等（Wang et al.，2013）研究工作的不断推进下，当前，学界有关增加值分解的工作已基本形成了国家与行业、双边、双边与行业的多层级分解框架（Wang et al.，2013），这为本书评价中国与伙伴国间制造业增加值往来、双边价值链关联以及中国在主要市场中的分工地位等问题提供了明确的方法借鉴。

基于此，本书从王等（Wang et al.，2013）所构建的增加值分解框架出发，并结合已有评价方法，搭建全球价值链分工表现评价体系。从现有的增加值分解框架来看，一国出口价值最终被细化分解为十六个部分，本书对全球价值链分工表现的评价工作共涉及使用本国增加值出口及本国生产使用的

国外增加值等九个部分。①

其中，本国增加值出口共包含五个部分。第一，以最终品形式出口的国内增加值部分；第二，以中间品形式出口的增加值，并被进口国直接用于生产使用的部分；第三，以中间品形式出口的增加值，被进口国出口至第三国并被第三国用于生产使用的部分；第四，以中间品形式出口的增加值，并被进口国用于生产最终品并出口至第三国而使用的部分；第五，以中间品形式出口的增加值，被进口国用于生产中间品出口至第三国，再由第三国生产最终品并返回至该进口国而使用的部分。这五部分中，第一部分被界定为本国增加值最终价值出口，第二部分为本国增加值中间价值的直接出口，第三部分至第五部分为本国增加值中间价值的复出口。

本国生产所使用的国外增加值共包含四个部分。第一，来源进口国，本国以最终品形式向进口国出口的增加值部分。第二，来源进口国，被本国以中间品形式出口至进口国用于进口国生产国内最终需求产品的增加值部分。第一部分和第二部分被界定为本国出口中所包含的进口国增加值。第三，来源第三国，本国以最终品形式向进口国出口的增加值部分。第四，来源第三国，被本国以中间品形式出口至进口国用于进口国生产国内最终需求产品的增加值部分。第三部分和第四部分被界定为本国出口中所包含的第三国增加值。

基于上述评价视角以及增加值分解工作，本书对全球价值链分工表现开展量化测评。但本书的研究不仅关注中国制造业参与全球价值链分工的直接表现，更期望探究互联网发展水平尤其是中国与伙伴国间互联网发展的相对水平对中国制造业参与全球价值链分工所形成的影响，因此在关注制造业分工表现时，本书从双边与行业两个视角切入，关注中国制造业对某一伙伴国的具体出口增加值贸易规模、中国与伙伴国制造业价值链双边关联程度以及中国制造业在某一具体伙伴国市场内所获得的分工地位等问题。首先从增加值贸易规模视角评价参与全球价值链分工的表现，一国产业的本国增加值出

---

① 当前，全球价值链分工问题的研究成果愈发丰富，增加值核算方法已在相关研究中被系统介绍，本书在此不再赘述。

口规模可以表示为：

$$dva_{cpkt} = dva\_fin_{cpkt} + dva\_int_{cpkt} = dva\_fin_{cpkt} + dva\_intdir_{cpkt} + dva\_intrex_{cpkt}$$

$$(3-8)$$

其中，c 国表示本国，p 国表示贸易伙伴国，k 表示行业，t 表示时期，dva_{cpkt} 衡量了 c 国 k 行业在 t 时期对 p 国的增加值出口规模，dva_fin_{cpkt} 则表示 c 国 k 行业在 t 时期对 p 国的本国增加值最终价值出口，dva_int_{cpkt} 衡量了 c 国对 p 国的本国增加值中间价值出口，它又由本国增加值中间价值的直接出口 dva_intdir_{cpkt} 和本国增加值中间价值的复出口 dva_intrex_{cpkt} 构成。

进一步地，基于全球价值链分工过程中双边价值链关联视角来衡量一国参与全球价值链的分工表现。参照幸炜等（2018）关于全球价值链分工过程中双边贸易嵌套强度指数的构建思路，双边价值链关联程度或关联水平的衡量方法为：

$$link_{cpkt} = \frac{mva_{cpkt} + mva_{pckt}}{exp_{cpkt} + exp_{pckt}} \qquad (3-9)$$

其中，$link_{cpkt}$ 衡量了参与全球价值链分工过程中，t 时期 c 国与 p 国 k 行业领域内的双边价值链关联程度或水平，$link_{cpkt}$ 测算结果越大，双边价值链的关联程度越高；mva_{cpkt} 表示 c 国 k 行业在 t 时期对 p 国出口中所包含的 p 国增加值，mva_{pckt} 则表示 p 国 k 行业在 t 时期对 c 国出口中所包含的 c 国增加值；exp_{cpkt} 和 exp_{pckt} 则分别衡量了 c 国 k 行业在 t 时期对 p 国的总出口以及 p 国 k 行业在 t 时期对 c 国的总出口。

除了考虑增加值贸易规模以及分工过程中分工主体间双边价值链关联程度外，一国在全球价值链分工过程中或某一具体伙伴国市场内所获得的分工地位也能有效评价其参与全球价值链分工的表现，并且这种衡量方法更为直接、更具针对性。而从前文的总结界定来看，一般情况下，某一分工主体具备较高价值链分工地位往往表现为该分工主体能够为他国的生产活动提供更多的中间投入价值（Koopman et al.，2010；Wang et al.，2013）。与此同时，从双边视角出发，依据分工主体在伙伴国市场中的相对分工地位来衡量其全球价值链具体分工表现的研究工作也获得了显著推进。戴翔和宋婕（2020）

在研究中从双边视角出发衡量中国的价值链分工表现，并指出，一国在全球价值链分工过程中的分工地位，是以该国和伙伴国的相对分工地位为微观基础的，因此在现有研究方法基础上，戴翔和宋婕（2020）基于双边增加值贸易数据，构建了一国在伙伴国市场的分工地位指数。参照戴翔和宋婕（2020）的评价思路，结合库普曼等（Koopman et al.，2010）、刘斌等（2015）、郑淑芳等（2020）所采用的指标工具，本书从两个方面对价值链分工地位开展评价。

一方面，本书直接从本国增加值中间价值出口率视角衡量一国在某一伙伴市场的相对价值链分工地位。

第一步，测算一国对另一国增加值中间价值的出口率：

$$dvaintrate'_{cpkt} = \frac{dva\_int_{cpkt}}{dva_{cpkt}} = \frac{dva\_intdir_{cpkt} + dva\_intrex_{cpkt}}{dva_{cpkt}} \qquad (3-10)$$

其中，$dvaintrate'_{cpkt}$衡量了 c 国 k 行业在 t 时期对 p 国的增加值中间价值出口率，dva_intdir_{cpkt} 为增加值中间价值的直接出口，dva_intrex_{cpkt} 为增加值中间价值的复出口，dva_{cpkt} 为 c 国 k 行业在 t 时期对 p 国的增加值总出口规模。

第二步，测算 c 国 k 行业在 t 时期对世界的增加值中间价值出口率：

$$dvaintrate_{cwkt} = \frac{dva\_int_{cwkt}}{dva_{cwkt}} = \frac{dva\_intdir_{cwkt} + dva\_intrex_{cwkt}}{dva_{cwkt}} \qquad (3-11)$$

其中，w 表示世界。在公式（3-10）和公式（3-11）的基础上，进一步衡量一国在某一伙伴国市场中的相对价值链分工地位：

$$dvaintrate_{cpkt} = \frac{dvaintrate'_{cpkt}}{dvaintrate_{cwkt}} \qquad (3-12)$$

其中，$dvaintrate_{cpkt}$ 即为 t 时期 c 国 k 行业在伙伴国 p 国市场中的相对价值链分工地位，指标测算结果越大，c 国的分工地位越高；$dvaintrate'_{cpkt}$ 即为公式（3-11）衡量的 c 国 k 行业在 t 时期对 p 国的增加值中间价值出口率，$dvaintrate_{cwkt}$ 即为公式（3-12）衡量的 c 国 k 行业在 t 时期对世界的增加值中间价值出口率。

另一方面，本书从本国中间价值提供量和国外价值使用量的对比视角来对价值链分工地位进行衡量（Koopman et al.，2010；戴翔和宋婕，2020），

t 时期 c 国 k 行业在伙伴国 p 国市场中的相对价值链分工地位可以表示为：

$$gvcposition_{cpkt} = \ln\left(1 + \frac{iv_{cpkt}}{exp_{cwkt}}\right) - \ln\left(1 + \frac{fv_{cpkt}}{exp_{cwkt}}\right) \qquad (3-13)$$

其中，$gvcposition_{cpkt}$ 即衡量了价值链的分工地位，同样，指标测算结果越大，其所衡量的价值链分工地位也越高；iv_{cpkt} 为 c 国 k 行业 t 时期对 p 国的间接增加值出口，即对 p 国增加值中间价值的复出口；fv_{cpkt} 为 c 国 k 行业 t 时期对 p 国出口中所含的国外增加值，即 c 国 k 行业 t 时期对 p 国出口中所包含的 p 国增加值以及 c 国 k 行业 t 时期对 p 国出口中所包含的第三国增加值[1]；exp_{cwkt} 表示 c 国 k 行业 t 时期对 p 国的总出口。

基于上述总结的全球价值链分工表现评价指标体系，本书能够从增加值贸易、双边价值链关联以及价值链分工地位等视角对中国制造业参与全球价值链分工的表现开展量化测评，并进一步进行比较分析。

三、制造行业网络密集度水平衡量方法

为进一步明确在全球价值链分工过程中互联网的使用以及互联网行业的发展对制造业所赋予的优势程度，本书进一步对制造行业网络密集度水平开展衡量。根据前述内涵概念界定的总结工作，当前，基于经典的贸易理论思想以及经济发展实际，学界在研究中已经对要素密集度、资本密集度、技术密集度等进行了科学的评价；而伴随着基础设施建设，契约、制度等无形要素以及服务业发展对经济增长、产业发展和对外贸易影响的加深，学界又进一步衡量了产业基础设施使用的密集度、契约密集度、制度密集度以及制造业服务化发展水平等；此外，行业、企业的网络密集度、信息化密度水平也

---

[1] 戴翔和宋婕（2020）更多地关注分工主体与其贸易伙伴国之间的价值链分工地位高低关系，因此其在研究中所纳入的国外增加值主要是分工主体出口中包含的伙伴国的价值。而本书将伙伴国看作具体分工市场，关注本国在伙伴国市场中的具体分工表现，因此参照已有价值链分工地位指数的含义，国外增加值不仅包含了伙伴国的价值，更纳入了第三国的价值。参见：戴翔，宋婕. 中国 OFDI 的全球价值链构建效应及其空间外溢 ［J］. 财经研究，2020，46（5）：125-139。

已在学界的研究中获得明确关注。可以说，在学界持续探索和推进下，有关密集度问题的研究已获得一致认可，密集度衡量方法不断完善并被广泛应用于经济增长、产业发展以及对外贸易等问题的研究工作中。

在上述工作的基础上，本书主要参照孙楚仁等（2014）的做法，构建制造行业网络密集度评价指标，量化衡量互联网对制造业所赋予的优势程度。孙楚仁等（2014）的研究主要基于豪斯曼等（Hausmann et al.，2007）构造出口技术复杂度的思路来搭建行业制度密集度评价指标，在豪斯曼等（Hausmann et al.，2007）的研究中，人均 GDP 被视为一国的整体生产率水平或比较成本，而从贸易结果出发，以世界市场范围内各行业产品出口的相对占比为权重对生产率水平进行加权求和，则可以充分反映出这一行业在代表性样本范围内所内含的生产率优势，豪斯曼等（Hausmann et al.，2007）将这一评价结果总结为行业的技术复杂度。这一方法从贸易结果出发，并基于世界代表性样本对行业内涵的生产率优势开展直接测评，考虑范围更广，评价工作更为直接更具针对性，在测算方面也较为便捷可行。孙楚仁等（2014）正是在此基础上将制度水平纳入测算工作，构建了行业制度密集度指标，并被进一步应用于制度对出口比较优势的影响、进口服务内涵制度优势对产业发展的作用等问题的研究中（孙楚仁等，2018；盛新宇等，2020）。本书据此进一步考虑互联网发展带来的影响，将互联网发展水平纳入评价工作，构建制造行业网络密集度评价指标：

$$ini_{kt} = \sum_{r} \frac{exp_{rkt} / \sum_{k} exp_{rkt}}{\sum_{r} exp_{rkt} / \sum_{k} exp_{rkt}} internet_{rt} \qquad (3-14)$$

其中，k 表示制造行业，t 表示时间，r 表示各贸易主体，exp 表示制造业产品出口额，$internet$ 则为一国互联网综合发展水平。为进一步考虑全球价值链分工所带来的影响，测算过程中，本书以制造行业参与国际分工过程中的增加值出口来替代式中的产品出口额，因此有：

$$ini_{kt} = \sum_{r} \frac{dva_{rkt} / \sum_{k} dva_{rkt}}{\sum_{r} dva_{rkt} / \sum_{k} dva_{rkt}} internet_{rt} \qquad (3-15)$$

其中，dva_{rkt} 表示 r 国 k 制造行业在 t 时期的本国增加值出口，增加值分解工作同样基于王等（Wang et al.，2013）的方法进行。最终所得的 ini_{kt} 指标即为世界样本范围内制造行业 k 在 t 时期的网络密集度水平，指标测算结果越大，全球价值链分工过程中，世界代表性样本范围内制造行业网络密集度水平越高。

四、样本选择及数据说明

实际测算与评价过程中，互联网应用方面的各个评价指标数据根据国际电信联盟（International Telecommunication Union，ITU）公布的统计数据整理得出，互联网基础设施建设方面的各个评价指标数据根据世界银行数据库世界发展指标（World Development Indicators，WDI）公布的数据统计得出，互联网相关产业投入方面的评价指标数据根据世界投入产出数据库（World Input-Output Database，WIOD）公布的社会经济账户（Socio Economic Accounts，SEA）数据计算得出，互联网相关产业产出方面的评价指标数据则根据世界投入产出数据库（WIOD）公布的世界投入产出表（World Input-Output Tables，WIOTs）计算得出。另外，全球价值链分工模式下的增加值贸易数据同样基于世界投入产出数据库（WIOD）公布的世界投入产出表（WIOTs）计算所得。截至本书研究工作完成时，WIOD 数据库公布的最新数据为 2016 年版的世界投入产出表，其中包括 2000~2014 年四十四个国家或地区（含世界其他）五十六个行业的相关数据，据此，本书研究的样本年限同样设定为 2000~2014 年。

有关样本国家或中国贸易伙伴国的选择，本书在研究中共纳入了 WIOD 所包含的四十二个国家[①]，这其中除中国（CHN）以外，其余四十一个样本

[①] 本书实际测算工作中，除了需要考评世界市场情况时会纳入 WIOD 的全部样本外，在其他如中国与伙伴国间互联网发展水平测算与比较、中国与伙伴国间的增加值贸易关系评价、制造行业网络密集度测算时，主要以 WIOD 包含的四十二个国家（含中国）为研究样本，这其中排除了世界其他这一个样本，同时中国台湾地区的其他相关指标数据在关联数据库中并未汇报，因此也一并排除。

为：澳大利亚（AUS）、奥地利（AUT）、比利时（BEL）、保加利亚（BGR）、巴西（BRA）、加拿大（CAN）、瑞士（CHE）、塞浦路斯（CYP）、捷克（CZE）、德国（DEU）、丹麦（DNK）、西班牙（ESP）、爱沙尼亚（EST）、芬兰（FIN）、法国（FRA）、英国（GBR）、希腊（GRC）、克罗地亚（HRV）、匈牙利（HUN）、印度尼西亚（IDN）、印度（IND）、爱尔兰（IRL）、意大利（ITA）、日本（JPN）、韩国（KOR）、立陶宛（LTU）、卢森堡（LUX）、拉脱维亚（LVA）、墨西哥（MEX）、马耳他（MLT）、荷兰（NLD）、挪威（NOR）、波兰（POL）、葡萄牙（PRT）、罗马尼亚（ROU）、俄罗斯（RUS）、斯洛伐克（SVK）、斯洛文尼亚（SVN）、瑞典（SWE）、土耳其（TUR）、美国（USA）。其中括号内为样本国家的英文缩写。

此外本书的研究聚焦制造行业参与全球价值链分工问题，因此根据WIOD公布的行业信息，本书共筛选出C类十八个制造行业，分别为食品和饮料以及烟草业（C10~C12）、纺织品和服装以及皮革制品制造业（C13~C15）、木材和木制品业（C16）、造纸和纸制品制造业（C17）、印刷和记录媒介复制业（C18）、焦炭和精炼石油制品制造业（C19）、化学和化工产品制造业（C20）、医药制品制造业（C21）、橡胶和塑料制品制造业（C22）、非金属制品业（C23）、基本金属制造业（C24）、金属制品业（C25）、计算机和电子以及光学产品制造业（C26）、电气设备制造业（C27）、机械设备制造业（C28）、汽车和拖车以及半拖车制造业（C29）、其他运输设备制造业（C30）、其他制造业（C31~C32）。其中括号内为数据库中行业的序号。

第二节　中国与伙伴国互联网综合发展水平衡量及比较

基于表3-1所确定的评价指标以及公式（3-1）~公式（3-7）的测算工作，本书对中国及主要样本国家的综合互联网发展水平进行测算评价。一方面，本书对所有国家的互联网发展水平开展综合比较，明确当前主要样本国家互联网发展的基本态势；另一方面，本书基于经济体特征，对中国与代表性发达经济体及新兴经济体互联网发展水平开展专项比较，从而进一步明确中国较相关经济体互联网的具体发展水平、特征及趋势。

一、主要样本国家互联网发展水平及比较

为准确把握本书确立的四十二个样本国家互联网综合发展水平的比较态势，本书基于互联网发展水平测算结果绘制箱线图开展比较分析，最终绘制的箱线图如图 3 – 1 所示。[①] 箱线图主要由第一四分位数（Q_1）、中位数（第二四分位数）、第三四分位数（Q_3）、上下边缘以及离群值等要素构成。其中，箱线图矩形盒底部为 Q_1 所对应的位置，矩形盒顶部为 Q_3 所对应的位置，矩形盒高度为四分位数全距（$IQR = Q_3 - Q_1$）；箱线图下边缘位置则由 $Q_1 -$ 1. 5IQR 所确定，上边缘位置由 $Q_3 + 1.5IQR$ 所确定，箱线图中灰色区域为该年样本国家互联网发展水平评价结果的主要集中区域。此外，当某一样本国家互联网发展水平大于上边缘或小于下边缘位置所确定的水平时，该样本国家互联网发展水平测算结果在箱线图绘制过程中被确定为离群值。[②] 绘制完成的箱线图能够明确体现各国在每一样本期内互联网发展水平测算结果的分散情况，基于箱线图所汇报的信息，本书可直接判断样本期内各样本国家互联网综合发展水平测算结果的变化、差距及分布情况等。

[①] 其中，俄罗斯的计算机信息服务业从业人员占比以及计算机信息服务业产出占比两个指标均为 0，在实际计算中予以剔除，俄罗斯的互联网发展水平以七个二级指标测算得出。

[②] 离群值，又被称为疑似异常值，其出现的原因可能是数据的测量、记录或输入时存在误差，也可能是数据来自不同的总体，当然还有可能数据依旧正确，只是在当时的样本下，这一数据只体现了小概率事件。当对样本数据的分布趋势等进行分析时，离群值的出现很可能会影响分析结果，此时有必要对离群值出现的原因加以分析，并决定离群值的去留，同时对数据分析采用更稳健的方法，例如，本书此处以中位数、数据的集中分布区域等来观察世界代表性国家互联网发展水平的比较态势等。当然，观察 2007 年出现的离群值，主要是加拿大、德国和土耳其，它们的互联网发展水平相较其他经济体率先显著超过 1.60，但本书各经济体数据来源一致，经检验也未出现记录或输入误差，因此本书判定数据正确，仅是因为个别经济体在当年互联网发展中出现了突出表现。关于箱线图及其离群值的表述，参见：盛骤，谢式千，潘承毅. 概率论与数理统计 [M]. 北京：高等教育出版社，2008。

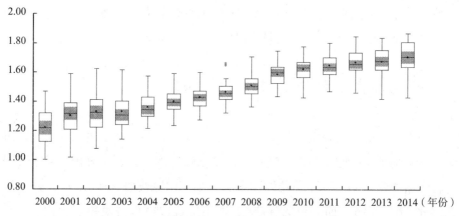

图 3 - 1　主要样本国家互联网发展水平箱线图

资料来源：笔者根据互联网综合发展水平评价结果绘制。

　　根据图 3 - 1 所示信息，样本期内，世界代表性国家互联网综合发展水平呈现明显的上升态势。2000 ~ 2004 年大多数国家的互联网发展水平集中在 1.20 ~ 1.40 的范围内；而从 2005 年开始，主要国家的互联网发展水平已有了明显提升，2005 ~ 2008 年各国互联网发展水平测算结果集中分布在 1.40 ~ 1.60 的水平区间内，较样本初期增长势头明显；2009 年之后，样本国家互联网发展水平再次迈入新台阶，尤其是 2012 年以来，各代表性国家互联网发展水平已基本保持在 1.60 ~ 1.80 的区间内，较前期来看，主要样本国家的互联网发展已取得明显进展，互联网发展水平综合评价结果显著提升。

　　而对比来看，样本期内各国互联网发展水平的提升趋势并不完全一致。2000 ~ 2014 年主要国家的互联网发展水平差距呈现先缩小再扩大的趋势。根据图 3 - 1 所呈现的信息，样本前期，各国互联网发展水平差距较大，但这种差距呈现出明显的缩小趋势，2000 ~ 2002 年互联网发展水平测算结果的第三四分位数和第一四分位数差值（矩形盒高度）分别达到了 0.19、0.17 和 0.18，而此后，矩形盒高度明显下降，2003 年矩形盒高度下降至 0.16，2004 年再次降低至 0.12，直至 2005 ~ 2008 年发展区间内，箱线图矩形盒高度已基本维持在 0.10 水平以下，并依旧呈现平稳下降的趋势；但 2008 年后，各样本国互联网发展水平差距又出现了明显的扩张趋势，箱线图矩形盒高度逐步回升至 0.10 以上，并继续提高，到 2014 年，矩形盒高度已上升至 0.17 左右。

可以明确的是，在当前全球信息化快速发展的背景下，世界各国互联网发展水平有了明显提升，样本期内，主要国家综合互联网发展水平评价结果呈现显著的上升趋势。但各国互联网发展水平的提升趋势并不完全一致，虽然 2008 年之前，各国互联网发展水平差距有明显的缩小趋势，但近年来，水平差距再次扩大，并且，这种扩大趋势到 2014 年依旧在持续。

二、中国与代表性发达经济体互联网发展水平比较

进一步地，为明确中国互联网发展的综合水平、特征及比较态势，本书首先选取美国、德国、日本、英国和法国五个代表性发达经济体开展比较分析。这五个国家是世界公认的发达经济体，美国、德国、日本同时也是世界公认的制造强国，英国和法国在制造业领域虽较美国、日本、德国稍显逊色，但同样表现突出。[①] 而在全球信息化发展进程中，这五个国家作为发达经济体的代表，同样处于世界领先位置，其综合信息化发展水平基本保持在世界代表性国家的前列。[②] 基于此，本书根据互联网综合发展水平测算结果，就中国和美国、德国、日本、英国和法国这五个国家的互联网综合发展水平开展比较，相关测算结果如图 3-2 所示。

从图 3-2 中的结果来看，样本期内，中国与代表性发达经济体互联网发展水平均呈现波动增长的态势，中国从样本初期 1.01 的综合评价水平上升至 2014 年的 1.87，而美国则从样本初期 1.41 的水平上升至 2014 年的 1.64，德

---

① 根据中国工程院战略咨询中心等单位 2020 年共同发布的《2020 中国制造强国发展指数报告》显示，美国处于世界制造强国的第一阵列，德国、日本处于世界制造强国的第二阵列，而中国、英国和法国则处于世界制造强国的第三阵列。

② 参见：国家统计局统计科学研究所信息化统计评价研究组，等. 信息化发展指数优化研究报告[J]. 管理世界，2011（12）：1-11。

国、日本、英国及法国的互联网发展水平也有明显提升,四国互联网综合评价结果从 2000 年 1.20 左右的水平上升至 2014 年 1.70 左右的水平。

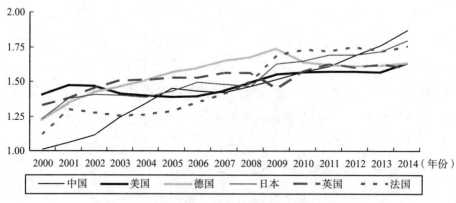

图 3-2 中国与代表性发达经济体互联网发展水平比较

资料来源:笔者根据互联网综合发展水平评价结果绘制。

　　而比较来看,样本初期,中国互联网发展水平较代表性发达经济体有明显差距,尤其是 2001~2002 年,代表性发达经济体互联网发展水平基本处在 1.25~1.50 区间内,而中国互联网发展水平则依旧处于 1.25 以下,即使与五国中最低水平的法国相比,中国仍与其存在约 0.20 的水平差距。但 2003 年之后,中国的互联网发展水平开始明显提升,并且逐步超越代表性发达经济体,2003 年中国互联网发展水平达到 1.24,逐步接近法国 1.25 的水平,2004~2006 年中国互联网发展水平逐步超越法国、美国和日本,并在 2009 年再次超越英国,总的来看,2004~2009 年中国与美国、英国、日本和法国的互联网发展水平呈现相互交织、互相赶超的态势。2012 年开始,中国互联网发展水平开始超越德国,此后,又在 2013 年实现了对日本的再次超越,至 2014 年中国互联网发展水平较代表性发达经济体已基本处于相对领先位置。但值得注意的是,当前,中国与主要发达经济体互联网发展水平所拉开的差距并不大,2014 年相较于第二的日本,中国互联网发展水平仅保持了约 0.07 的领先距离,中国与五国互联网发展水平依旧呈现相互赶超的基本态势。

三、中国与代表性新兴经济体互联网发展水平比较

除与代表性发达经济体比较外，本书进一步对比中国与印度、印度尼西亚、俄罗斯、巴西、墨西哥五个代表性新兴经济体互联网发展水平及变化态势。近年来，根据世界银行公布的统计信息，印度、印度尼西亚、墨西哥的经济基本保持了正向增长的趋势，而俄罗斯和巴西也继续保持着1.50万亿美元以上的 GDP 规模，这些代表性新兴经济体对全球经济增长日益重要。而与此同时，当前正日益崛起的新兴经济体事实上也已成为世界信息化、全球化发展进程中不可缺少的组成部分（奚广庆，2012），必将为全球的发展提供重要驱动力。基于此，根据互联网发展水平评价结果，本书对中国与印度等五个代表性新兴经济体互联网发展水平开展比较分析，相关测算结果如图 3-3 所示。

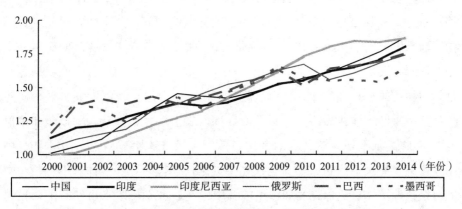

图 3-3　中国与代表性新兴经济体互联网发展水平比较

资料来源：笔者根据互联网综合发展水平评价结果绘制。

从图 3-3 中结果来看，虽然，在样本早期，代表性新兴经济体互联网发展水平较低，其水平基本处于 1.25 以下，落后于前述统计的主要代表性发达

经济体,但这些新兴经济体互联网发展水平同样保持着强劲的增长态势,并且后期的增长趋势更为明显。总的来看,2000~2014 年印度互联网发展水平从 1.12 提升至 1.81,印度尼西亚的互联网发展水平从 1.00 提升至 1.86,而俄罗斯、巴西、墨西哥的互联网发展水平也在 2014 年逐步上升至 1.70 左右。与此同时,从 2009 年开始,这些代表性经济体互联网发展水平也均处于 1.50 以上,与前述发达经济体的差距开始缩小,而其增长态势依旧,到 2013~2014 年部分新兴经济体的互联网发展水平已经超过 1.75,并仍旧保持明显的增长势头。

对比来看,中国互联网发展水平在样本初期同样处在相对低的位置,2000~2002 年中国互联网发展水平评价结果基本在 1.00 左右,仅高于印度尼西亚,而俄罗斯、印度、墨西哥、巴西的水平则明显高于中国。此后三年,中国互联网发展水平有了明显提升,2003 年,中国互联网发展水平达到 1.24,开始超越俄罗斯,2004 年,中国互联网发展水平达到 1.34,超越印度和墨西哥,2005 年,中国互联网发展水平达到 1.45,超越巴西,相对于五个代表性新兴经济体,经过三年增长,中国互联网发展已处于最高水平。但 2005 年后,中国互联网发展水平出现一定程度的回落,此后较长时间内,中国互联网发展水平平稳上升,但依旧被代表性新兴经济体超越,2009 年,中国互联网发展水平达到 1.52,但仅与印度的水平相当,明显低于俄罗斯等其他新兴经济体 1.60 以上的水平。直至 2013 年,中国互联网发展水平再次超越主要新兴经济体,2013 年,中国互联网发展水平达到 1.76,除低于印度尼西亚 1.84 的水平外,较其余四个代表性新兴经济体明显领先,2014 年,中国互联网发展水平达到 1.87,再次超越五个代表性新兴经济体。不过,和中国与发达经济体对比情况类似,当前,中国互联网发展水平虽然有了明显提升,与代表性新兴经济体相比,互联网发展水平处于领先位置,但中国保持的领先优势并不明显,中国与五个代表性新兴经济体的互联网发展水平也同样呈现相互赶超的基本态势。

第三节 中国制造业全球价值链分工表现 评价及各市场情况比较

基于增加值分解工作以及公式（3-8）~公式（3-13）的指标体系，本书进一步对中国制造业参与全球价值链分工的表现进行评价。分析过程中，首先，明确当前全球价值链分工背景下中国制造业增加值出口贸易发展现状，详细介绍中国制造业增加值出口贸易发展的总体态势、主要的出口市场及特征，以及在这些市场中中国制造业总体及分行业增加值出口结构等情况；其次，就中国与主要伙伴国制造业双边价值链关联现状开展比较分析，明确中国与各伙伴国之间的具体关联水平，并进一步从分市场、分行业视角进行分析和比较；最后，基于价值链分工地位指标，继续对中国在代表性市场中的制造业总体及分行业价值链分工地位开展比较分析。

一、中国制造业全球价值链分工模式下增加值出口贸易现状

制造业增加值出口贸易规模及结构是其参与全球价值链分工最为直接的表现，为厘清当前中国制造业全球价值链分工模式下增加值出口贸易现状，本书基于指标评价结果，首先对中国制造业增加值出口贸易的总体情况进行解释，明确当前中国制造业增加值出口的规模、结构及变化趋势。在此基础上，本书进一步从双边视角出发，首先确定中国制造业增加值出口的主要市场，并进一步对这些市场中中国制造业增加值出口贸易的发展情况开展比较分析。

（一）中国制造业增加值出口贸易总体概况

基于制造业增加值出口数据，各样本国制造业增加值出口贸易规模可计

算得出，从结果比较来看①，样本期内，中国事实上已经实现了增加值出口规模的领先，在全球价值链分工模式下，中国在世界市场上同样是制造业出口贸易领域的大国。样本初期，中国制造业增加值出口贸易规模虽低于美国、日本、德国、英国、法国等主要发达经济体，但随着时间的推移，中国逐步超越英国、法国，此后又赶超美国和日本，并最终超越德国，实现制造业增加值出口规模世界第一。根据具体测算结果，2000～2014 年中国制造业增加值出口贸易总体情况如图 3 -4 所示。

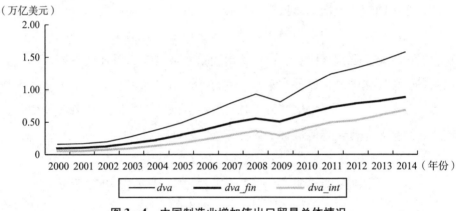

图 3 -4　中国制造业增加值出口贸易总体情况

资料来源：笔者根据出口增加值计算结果绘制。

从图 3 -4 所示情况来看，样本期内，除 2008～2009 年外，无论是总体（dva）还是分最终价值（dva_fin）和中间价值（dva_int）出口，中国制造业增加值出口贸易规模均呈现明显的上升趋势。从总体上来看，2000～2007 年中国制造业增加值出口规模快速扩大，2006 年出口额已突破 0.5 万亿美元并继续增长，此后，受 2008 年金融危机影响稍有回调，但迅速恢复，至 2010 年中国制造业增加值出口又再次突破 1 万亿美元规模，而到 2014 年中国制造业增加值出口已超 1.50 万亿美元，并仍旧保持明显的增长势头。而从最终价

① 中国与各国制造业增加值规模比较并非本书核心工作，各国数据不在此汇报，仅做客观描述。

值和中间价值的出口来看，在中国制造业增加值总体出口规模上升的同时，最终价值和中间价值出口也均实现了同步增长，并且两类增加值出口的增长趋势也与总体情况类似。显然，纵观样本期中国制造业增加值出口贸易发展的总体态势，当前，在参与全球价值链分工过程中，中国制造业增加值出口规模正稳步提升，并且，无论从最终价值还是中间价值的出口来看，其参与全球价值链分工的表现也在不断优化。

进一步比较来看，增加值出口贸易增长过程中，中国制造业依旧以增加值最终价值出口为主，样本初期，囿于整体规模，最终价值与中间价值出口的差距并不十分明显，但随着增加值出口规模的逐步扩大，两者间差距也开始体现。2008 年最终价值出口规模突破 0.5 万亿美元，而中间价值的出口仅增长至 0.37 万亿美元左右，此后，两类增加值出口继续增长，并保持着 0.2 万亿美元左右的差距，但到 2012 年最终价值与中间价值出口规模差距再次突破 0.25 万亿美元。不过近年来，中国制造业增加值中间价值出口规模的增长速度进一步提升，到 2013 年中间价值出口规模较最终价值出口的差距开始缩小，至 2014 年两类增加值出口规模差距再次缩减至 0.2 万亿美元以下。

可以明确的是，在全球价值链分工背景下，中国制造业增加值最终价值和中间价值出口规模均获得了明显提升，增加值总出口在样本期内显著增长，制造业参与全球价值链分工的总体表现正逐步优化。但对比来看，中国制造业增加值出口贸易结构仍有进一步调整的空间，样本期内，最终价值出口仍旧是增加值总出口的主要组成部分，继续为他国生产提供相对更多的中间投入价值，从而进一步向全球价值链分工的高端环节攀升仍旧是中国当前及未来一个阶段制造业参与全球价值链分工的重要任务之一。而事实上，增加值出口贸易结构优化的趋势已经在样本期内有所体现，从前述分析来看，近年来，最终价值与中间价值出口规模的差距正显著缩减，在优化总体分工表现的同时，增加值出口贸易结构的调整也正稳步展开。

在明确总体情况的基础上，继续从分行业视角对中国制造业增加值出口贸易进行分析，本书以样本期均值为例，对中国 18 类制造业出口增加值及其结构进行分解测算，相关测算结果如图 3-5 所示。

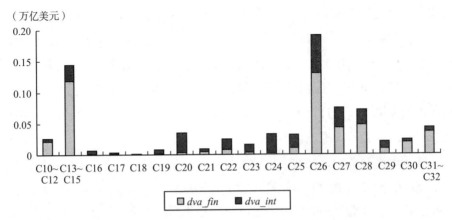

（万亿美元）

图3-5　中国制造业分行业增加值出口贸易总体情况

资料来源：笔者根据出口增加值计算结果绘制。

　　从图3-5所示分行业情况来看，样本期内，各制造行业增加值出口规模发展态势存在显著的差异，计算机和电子以及光学产品制造业（C26）、纺织品和服装以及皮革制品制造业（C13～C15）的增加值平均出口额分别约为0.19万亿美元和0.14万亿美元，而电气设备制造业（C27）以及机械设备制造业（C28）的增加值平均出口额也保持在0.07万亿美元左右，这些行业成为样本期内中国制造业增加值出口的主要支柱行业，而相对来说，其他制造行业的增加值平均出口规模则维持在0.05万亿美元以下，较主要行业来看，增加值出口贸易的表现并不突出。

　　但从出口结构来看，这些增加值出口规模较大的行业与总体情况类似，主要以增加值最终价值出口为主，根据样本期平均值信息，C26、C13～C15、C27、C28类行业最终价值出口率均显著超过50%，C13～C15行业的最终价值平均出口率已超过80%，这些行业除C13～C15具备较为明显的劳动密集特征外，其他行业更多的是知识密集型行业，在样本期内，中国在这些行业领域内主要向世界市场提供最终使用价值，而为他国生产提供中间使用价值的比重仍不高。相对来说，化学和化工产品制造业（C20）、基本金属制造业（C24）、金属制品业（C25）、橡胶和塑料制品制造业（C22）、非金属制品业

（C23）则以增加值中间价值出口为主，这几类行业的增加值出口规模虽不高，但中间价值出口占比保持在60%以上，甚至C20类行业的平均中间价值出口率已接近90%，从行业特征来看，C20类行业具备较为明显的知识密集特征，而其他行业则更多的是资本密集型行业，可以确定的是，中国在这些行业领域主要为他国生产提供更多的中间使用价值，但对比其他行业，总的增加值规模仍有待提升。

显然，从分行业情况来看，中国制造业在参与全球价值链分工过程中，各行业增加值贸易情况存在明显差别，制造业增加值出口贸易规模的形成较多依赖少部分行业的贡献。以计算机和电子以及光学产品制造业（C26）等为代表的四类制造业出口规模较大，成为样本期内中国制造业增加值出口贸易发展的支柱行业，但其中间价值出口比重并不高，增加值出口的增长主要以最终价值为主；而其余十四类行业的增加值出口规模较小，不过，以化学和化工产品制造业（C20）等为代表的五类行业中间价值出口比重已明显超越最终价值，样本期内出口结构相对较优。进一步优化制造业增加值出口贸易的行业结构，适度提升多数行业的中间价值出口比重依旧是当前及未来一个阶段中国优化制造业全球价值链分工表现的关键任务之一。

（二）中国制造业增加值主要出口市场及特征

除明确中国制造业对世界市场增加值出口的总体情况外，基于增加值贸易评价指标，本书进一步观察中国对具体伙伴国市场制造业增加值出口情况，样本期内，中国各年份前十位出口市场及出口份额统计情况，如表3-2所示。

表3-2　　　　中国制造业增加值出口贸易主要市场及份额　　　单位：%

序号	项目	年份							
		2000	2002	2004	2006	2008	2010	2012	2014
1	市场	美国	美国	美国	美国	美国	美国	美国	美国
	份额	24.30	24.89	23.08	22.58	18.90	18.68	17.84	17.21

续表

序号	项目	年份							
		2000	2002	2004	2006	2008	2010	2012	2014
2	市场	日本	日本	日本	日本	日本	日本	日本	日本
	份额	17.03	15.17	13.60	10.80	9.12	8.76	8.78	8.42
3	市场	德国	韩国	德国	德国	德国	德国	韩国	韩国
	份额	4.36	4.54	4.64	4.78	4.88	4.69	4.53	4.32
4	市场	韩国	德国	韩国	韩国	韩国	韩国	德国	德国
	份额	3.99	4.06	4.42	4.34	4.80	4.15	3.81	3.77
5	市场	英国	英国	英国	英国	俄罗斯	俄罗斯	俄罗斯	俄罗斯
	份额	3.33	3.20	3.07	2.81	3.32	3.64	3.68	3.53
6	市场	法国	加拿大	加拿大	加拿大	英国	英国	英国	英国
	份额	2.40	2.49	2.58	2.63	3.03	2.95	2.68	2.56
7	市场	加拿大	法国	法国	俄罗斯	加拿大	澳大利亚	加拿大	加拿大
	份额	2.31	1.99	2.40	2.27	2.52	2.39	2.51	2.37
8	市场	意大利	澳大利亚	澳大利亚	法国	法国	加拿大	澳大利亚	澳大利亚
	份额	1.60	1.74	1.93	2.16	2.34	2.38	2.51	2.31
9	市场	澳大利亚	俄罗斯	意大利	意大利	意大利	印度	印度	印度
	份额	1.59	1.73	1.85	1.92	2.05	2.23	2.23	2.19
10	市场	荷兰	意大利	俄罗斯	澳大利亚	澳大利亚	法国	墨西哥	巴西
	份额	1.25	1.66	1.80	1.82	1.95	2.21	1.92	1.94

注：囿于横向篇幅，表中仅汇报了偶数年份的基本情况。
资料来源：笔者根据出口增加值计算结果统计制表。

从样本期具体市场的出口情况来看，美国、日本是中国制造业增加值出口的第一和第二大市场，样本初期，中国对美国的制造业增加值出口占行业增加值总出口的份额达到了近25%，而对日本的出口份额也超过了15%，在中国制造业增加值出口过程中，两国市场占据了近半壁江山；但之后，中国对两国市场的出口份额逐步降低，2008年，中国对美国制造业增加值出口份额跌破20%，对日本的出口份额也下降至10%以下，此后至2014年，这种下降趋势依旧，样本期内，中国出口的市场主体正逐步多元化。不过，对比样本期中国对其他伙伴国市场的增加值出口情况，当前，美国、日本依旧是中国制造业增加值出口的首要市场。

从表 3-2 中所示信息来看，德国和韩国是中国制造业增加值出口的第三和第四大市场，中国对两个市场的出口份额基本保持在 4%～5% 的区间范围内。2000～2010 年中国对德国制造业增加值出口份额相对较高，尤其是 2006 年后，中国对德国出口份额基本保持在 4.50% 以上；但 2010 年以来，中国对德国的出口份额有所下降，至 2014 年，中国对德国制造业增加值出口占行业增加值总出口的份额已下降至 3.77%。相对来说，中国对韩国制造业增加值出口的变化态势较为稳定，样本期内，出口份额基本保持在 4% 左右，并稳中有升。

英国、俄罗斯、加拿大、法国、澳大利亚和意大利同样也是中国制造业增加值出口的重要市场，样本前期，中国对英国的出口份额基本保持在 3% 以上，此后增加值出口份额有所下降，但依旧大于 2.50%；中国对俄罗斯制造业增加值出口的份额则基本呈现逐年平稳上升的趋势，2002 年，中国对俄罗斯出口份额为 1.73%，到 2006 年已突破 2%，2008 年开始，中国对俄罗斯制造业增加值出口份额已基本稳定在 3% 以上，虽然 2014 年有所回调，但仍然达到了 3.53%；样本期内，中国对加拿大制造业增加值出口占行业增加值总出口的比重基本保持在 2%～3% 的区间范围内，并且，整体上，这一份额基本保持稳定；中国对法国、澳大利亚和意大利的制造业增加值出口份额则维持在 2% 左右，不过，三个市场的变化趋势有所不同，整个样本期内，中国对澳大利亚的增加值出口逐步提升，2010 年开始，对澳大利亚的出口份额已稳定在 2% 以上，而相对来说，中国对法国和意大利的制造业增加值出口虽然经历了前期的增长，但 2010 年后，出口份额开始下降，两个出口市场被印度、墨西哥等新兴市场所取代，但从整体上来看，法国和意大利市场的重要性仍不容忽视。

当然，除上述主要出口市场外，部分出口市场，例如，荷兰、印度、墨西哥、巴西等同样是中国制造业增加值出口贸易活动开展的重要伙伴国，在部分年份内，中国对其制造业增加值出口份额也同样达到了 2% 左右。然而，从整个样本期的比较来看，当前，在中国制造业增加值出口贸易活动中，美国、日本、德国、韩国、英国、俄罗斯、加拿大、法国、澳大利亚、意大利仍旧是中国出口的前十大关键市场。

（三）中国制造业主要市场增加值出口贸易现状

基于前文分析，在样本期内，中国对部分伙伴国市场的制造业增加值出口虽存在一定程度的波动，但从总体来看，美国等十个经济体仍旧是中国制造业增加值出口的前十大关键市场。本书进一步对这十大市场中，中国制造业增加值出口贸易的发展情况开展比较分析，样本期内，中国制造业增加值出口贸易前十大市场情况如表 3-3 所示。

表 3-3　　　　　　　中国制造业增加值出口贸易前十大市场情况　　　　单位：%

国家	类别	年份							
		2000	2002	2004	2006	2008	2010	2012	2014
美国	dva_fin	74.80	75.67	74.23	73.50	71.52	74.93	73.06	64.60
	dva_int	25.20	24.33	25.77	26.50	28.48	25.07	26.94	35.40
日本	dva_fin	69.64	69.78	66.39	65.47	61.69	65.00	66.99	64.33
	dva_int	30.36	30.22	33.61	34.53	38.31	35.00	33.01	35.67
德国	dva_fin	67.88	69.78	72.33	69.63	66.06	61.79	62.45	62.84
	dva_int	32.12	30.22	27.67	30.37	33.94	38.21	37.55	37.16
韩国	dva_fin	35.07	42.46	42.34	38.98	33.75	35.17	31.71	32.31
	dva_int	64.93	57.54	57.66	61.02	66.25	64.83	68.29	67.69
英国	dva_fin	72.02	71.64	70.93	72.50	72.06	63.58	60.81	60.72
	dva_int	27.98	28.36	29.07	27.50	27.94	36.42	39.19	39.28
俄罗斯	dva_fin	86.91	87.88	84.95	80.67	79.65	82.80	78.47	75.45
	dva_int	13.09	12.12	15.05	19.33	20.35	17.20	21.53	24.55
加拿大	dva_fin	62.64	62.52	60.49	65.16	64.77	61.54	60.75	51.59
	dva_int	37.36	37.48	39.51	34.84	35.23	38.46	39.25	48.41

国家	类别	年份							
		2000	2002	2004	2006	2008	2010	2012	2014
法国	dva_fin	66.81	66.84	63.88	65.29	63.37	56.43	54.79	52.69
	dva_int	33.19	33.16	36.12	34.71	36.63	43.57	45.21	47.31
澳大利亚	dva_fin	66.77	65.91	70.04	70.17	62.55	60.61	59.30	55.04
	dva_int	33.23	34.09	29.96	29.83	37.45	39.39	40.70	44.96
意大利	dva_fin	64.31	60.90	63.63	60.19	57.60	53.08	54.29	53.16
	dva_int	35.69	39.10	36.37	39.81	42.40	46.92	45.71	46.84

注：囿于横向篇幅，表中仅汇报了偶数年份的基本情况。
资料来源：笔者根据出口增加值计算结果统计制表。

从表 3-3 中汇报的信息来看，中国在这十大关键市场中的表现与中国制造业增加值出口的总体情况基本类似。样本期内，中国对几大市场的增加值出口主要以最终价值形式出口为主，除韩国外，2000～2014 年中国对其余九个市场的最终价值出口比重基本保持在 60% 以上，甚至在样本早期，中国对美国、俄罗斯等经济体的制造业增加值最终价值出口比重超过了 70%。不过，动态来看，在对前十大市场出口活动中，中国制造业增加值最终价值的出口比重正逐步减少，而为主要伙伴国市场提供中间使用价值的比重正显著增加。样本期内，中国对美国、日本、德国、英国的中间价值出口比重从早期的 30% 以下逐步提升，近年来已经突破 35%，甚至对英国制造业中间价值出口比重已接近 40%；而观察加拿大、法国、澳大利亚、意大利等市场，中国制造业增加值中间价值出口比重的提升趋势更为明显，样本早期，中国对这些市场的中间价值出口比重就超过了 35%，2012 年后制造业中间价值出口比重进一步提升，近年来已经突破 45%；相对来说，中国对俄罗斯市场的中间价值出口比重不高，但其出口份额也同样在持续增长，2008 年之前中国对俄罗斯制造业增加值中间价值的出口比重一直在 20% 以下平稳增长，而 2008 年之后中间价值的份额已突破 20%，至 2014 年中国对俄罗斯制造业增加值中间价值的出口比重已接近 25%。

　　中国对韩国市场的制造业增加值出口情况较为特殊，在前十大市场中，中国对其增加值中间价值的出口始终保持较高份额。2000 年，中国对韩国制造业中间价值出口比重已接近65%，此后，经过一段时间的波动，中间价值出口比重有所下调，但 2008 年之后再次提升，近年来已基本保持在65%以上。显然，在全球价值链分工模式下，中国制造业参与国际分工的过程中，中国更多地对韩提供中间使用价值，并且这一分工现象已基本成为常态。

　　可以明确的是，在主要出口市场中，中国制造业增加值出口贸易表现虽然存在不同程度的差别，但基本情况与制造业增加值总出口贸易一致，行业增加值的出口仍以最终价值为主，而中间价值的出口份额较低，制造业增加值贸易结构优化依旧存在较大空间。但动态来看，中国制造业中间价值的比重正稳步提升，在制造业参与全球价值链分工过程中，中国正向伙伴国提供越来越多的中间使用价值。

　　进一步地，从分行业视角来观察中国制造业在前十大市场中增加值出口贸易的现状，以样本期均值为例，中国对前十大市场制造业分行业增加值出口占比情况如表3－4所示。

表3－4　　　　　中国对前十大市场制造业分行业增加值出口平均占比　　　单位：%

行业	美国	日本	德国	韩国	英国	俄罗斯	加拿大	法国	澳大利亚	意大利
C10 ~ C12	1.92	9.85	2.78	5.32	2.03	2.34	3.51	1.83	3.38	1.75
C13 ~ C15	19.76	23.98	15.50	11.63	24.15	64.48	20.31	21.86	21.43	24.91
C16	0.72	1.23	0.82	0.98	1.38	0.56	1.75	0.97	0.94	1.01
C17	0.74	0.46	0.24	0.38	0.53	0.15	0.32	0.32	0.69	0.30
C18	0.07	0.20	0.06	0.34	0.04	1.27	0.55	0.04	0.07	0.06
C19	0.54	0.70	0.83	1.56	0.56	0.48	0.36	0.70	0.87	0.69
C20	4.43	4.18	3.83	6.94	3.12	3.69	1.41	2.99	4.74	4.80

续表

行业	美国	日本	德国	韩国	英国	俄罗斯	加拿大	法国	澳大利亚	意大利
C21	1.01	0.81	2.27	1.14	1.17	0.09	1.14	2.31	1.33	2.38
C22	2.97	3.22	2.24	1.60	3.88	0.34	7.65	3.17	5.42	2.79
C23	1.64	1.66	1.47	4.83	1.66	1.01	2.63	1.33	2.15	1.87
C24	2.15	3.88	1.94	14.77	1.79	1.20	3.75	1.55	2.70	5.29
C25	4.39	4.31	3.74	4.64	3.93	1.30	5.27	3.53	5.38	3.89
C26	28.07	21.22	31.28	22.14	23.79	4.34	21.07	28.83	24.52	17.48
C27	8.21	12.72	11.05	7.39	10.21	2.07	8.31	10.18	9.40	9.17
C28	8.81	4.98	9.79	7.42	7.16	9.53	6.35	8.47	8.19	12.25
C29	3.12	2.08	2.06	2.81	2.17	5.44	3.51	1.80	2.20	2.14
C30	0.87	1.08	2.06	2.18	2.58	0.52	1.70	1.41	1.57	2.01
C31～C32	10.58	3.42	7.39	3.94	9.85	1.18	10.42	8.70	5.02	7.23

资料来源：笔者根据出口增加值计算结果统计制表。

从表 3 - 4 中信息来看，与中国制造业增加值出口的总体情况类似，在对核心市场出口中，纺织品和服装以及皮革制品制造业（C13～C15）、计算机和电子以及光学产品制造业（C26）、电气设备制造业（C27）、机械设备制造业（C28）的增加值出口比重最高。C13～C15、C26 类行业对各核心市场的增加值出口基本占据了中国对该市场增加值出口 20% 左右的份额，C27、C28 类行业的增加值出口则占据了 10% 左右的份额，四类行业的出口增加值构成了中国对各核心市场制造业增加值出口 60% 的部分。在主要出口市场中，上述四类行业依旧是中国制造业增加值出口的支柱行业。

除主要行业增加值出口表现显著外，在个别市场中，其余制造行业增加值出口同样占据着较大份额，样本期内，中国对日本市场的出口中，食品和饮料以及烟草业（C10～C12）平均占比达到了 9.85%，超过了 C28 类行业的出口份额；中国对韩国市场的出口中，基本金属制造业（C24）、化学和化工产品制造业（C20）增加值出口份额分别达到了 14.77% 和 6.94%，而从前期中国制造业分行业增加值出口贸易情况来看，C24 及 C20 类行业属于增加值中间价值出口比重较高的行业类别，出口的行业特征差异也进一步促进了中国对韩国制造业中间价值比重的提升。此外，在对加拿大的出口中，中国橡胶和塑料制品制造业（C22）增加值平均出口份额达到了 7.65%，同样，在中国制造业增加值总体出口贸易情况中，C22 类行业也属于中间价值出口占比较高的行业。

显然，从主要出口市场的分行业情况来看，样本期内，C13 ~ C15、C26、C27、C28 等中国制造业增加值出口的支柱行业仍旧占据了较高份额，在对各核心市场的增加值出口中，这四类行业增加值出口占比达到了 60% 左右，分出口市场情况下，制造业分行业的基本表现与制造业总体情况一致。除此之外，在个别出口市场中，中国部分行业，例如，C10 ~ C12、C24、C20、C22 等的增加值出口也有较为突出的表现，其出口增加值同样构成了中国对这些市场制造业增加值出口的关键组成部分。

二、中国与主要伙伴国制造业双边价值链关联程度衡量及比较

除关注中国制造业增加值出口贸易发展情况外，本书进一步对中国与主要伙伴国制造业双边价值链关联程度开展测评，以样本期均值为例，制造业参与全球价值链分工过程中，中国与伙伴国双边价值链关联程度均值如图 3 - 6 所示。图中，黑色圆点表示各个经济体，中心点为中国所处的位置，代表经济体的黑色圆点越大，表明中国与该经济体制造业双边价值链关联程度越高。

从图 3 - 6 中所示情况来看，样本期内，中国与韩国、日本、美国、德国、澳大利亚、芬兰、印度尼西亚、瑞典、匈牙利、斯洛伐克等国家在制造业参与全球价值链分工过程中的双边价值链关联程度较高，这前十个经济体

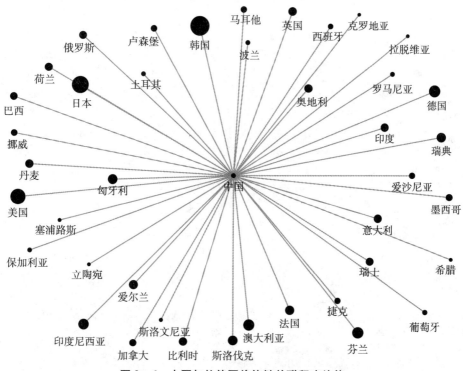

图 3 - 6　中国与伙伴国价值链关联程度均值

资料来源：笔者根据价值链关联水平计算结果绘制。

既包含了中国制造业增加值出口的部分主要市场①，同时也包含了其他新兴经济体国家。在全球价值链分工背景下，中国与这些国家双边贸易往来过程中的价值交流更为频繁，制造业双边价值流动与使用促进了中国与这些伙伴国关联程度的进一步紧密。

　　为进一步对比样本期内中国与伙伴国制造业双边价值链关联程度的动态变化及特征差异，本书分别将 2000 年、2007 年和 2014 年的测算结果绘制为图 3 - 7、图 3 - 8 和图 3 - 9，以作对比。

---

　　① 根据前述中国制造业增加值出口贸易现状分析，美国、日本、德国、韩国、英国、俄罗斯、加拿大、法国、澳大利亚、意大利是中国制造业增加值出口的前十大关键市场。

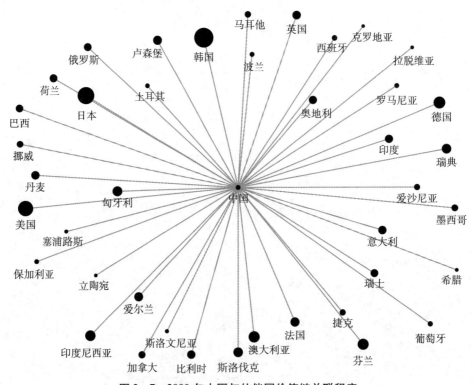

图 3 - 7 2000 年中国与伙伴国价值链关联程度

资料来源：笔者根据价值链关联水平计算结果绘制。

从图 3 - 7 ~ 图 3 - 9 所示信息来看，2000 年，在制造业参与全球价值链分工过程中，与中国保持较高价值链关联程度的经济体主要是日本、美国、韩国、德国、卢森堡、印度尼西亚、澳大利亚、法国、英国、芬兰等；而至2007 年，中国制造业双边价值链关联的前十大伙伴国为韩国、日本、美国、德国、芬兰、澳大利亚、印度尼西亚、印度、法国、爱尔兰；2014 年，在制造业全球价值链分工领域内，中国则与韩国、日本、斯洛伐克、匈牙利、德国、美国、芬兰、澳大利亚、瑞典、法国保持着较为紧密的双边价值链关联程度。显然，从本期平均情况对比来看，除个别新兴经济体外，中国制造业在参与全球价值链分工过程中，主要关联伙伴国基本保持稳定，这些经济体在制造业增加值贸易往来过程中，与中国的双边价值交流比重较高，继而和中国的双边价值链关联程度也更为明显。

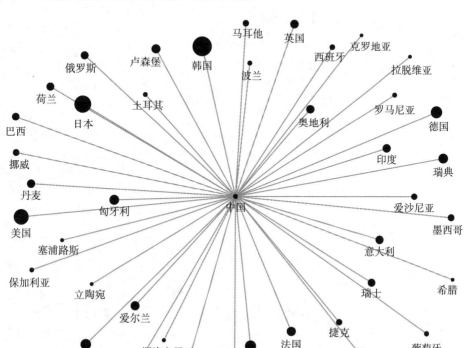

图 3-8 2007 年中国与伙伴国价值链关联程度

资料来源：笔者根据价值链关联水平计算结果绘制。

此外，为深入观察具体制造业领域内中国与各伙伴国的双边价值链关联情况，本书基于制造业分行业双边价值关联程度测算结果，以均值为例继续开展分析。实际分析过程中，为突出重点，本书主要选择前述中国与伙伴国制造业双边价值链平均关联程度比较情况所确定的十个主要关联伙伴国作为样本来进行对比观察。样本期内，中国与前十大关联伙伴国制造业分行业双边价值链关联程度均值测算结果如表 3-5 所示。①

———————

① 由于 2000~2001 年中国与斯洛伐克 C18 类制造行业总贸易额为 0，不符合双边价值链关联程度测算公式要求，因此，在这一行业领域内，中国与斯洛伐克双边价值链关联程度均值为 2002~2014年的平均值。

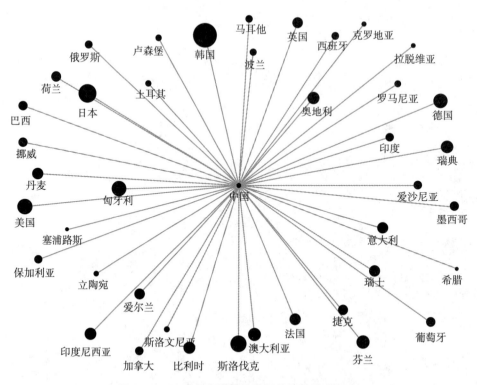

图 3 - 9   2014 年中国与伙伴国价值链关联程度

资料来源：笔者根据价值链关联水平计算结果绘制。

表 3 - 5   中国与主要伙伴国制造业分行业双边价值链关联程度均值

行业	韩国	日本	美国	德国	澳大利亚	芬兰	印度尼西亚	瑞典	匈牙利	斯洛伐克
C10 ~ C12	0.71	0.62	0.84	0.40	0.78	0.59	0.54	0.28	0.24	0.01
C13 ~ C15	1.71	1.48	1.19	0.48	0.62	0.08	0.64	0.08	0.14	0.05
C16	0.53	0.97	0.91	0.41	0.59	0.33	0.65	0.22	0.12	0.05
C17	1.20	0.86	0.99	0.42	0.74	0.51	0.91	0.47	0.18	0.06
C18	1.00	0.82	1.12	0.44	0.92	0.65	0.52	0.33	0.16	0.33
C19	1.76	0.89	0.64	0.41	1.33	0.10	0.57	0.15	0.22	0.05
C20	1.77	1.30	0.97	0.54	0.97	0.38	0.85	0.29	0.12	0.20
C21	1.13	0.90	1.02	0.58	0.77	0.28	0.58	0.74	0.33	0.02

行业	韩国	日本	美国	德国	澳大利亚	芬兰	印度尼西亚	瑞典	匈牙利	斯洛伐克
C22	1.63	1.58	1.47	0.68	0.71	0.31	0.91	0.33	0.35	0.22
C23	0.81	0.96	0.89	0.50	0.91	0.31	0.61	0.32	0.20	0.08
C24	1.52	1.20	0.77	0.53	0.95	0.56	0.68	0.56	0.33	0.10
C25	1.58	1.38	0.91	0.54	0.93	0.42	0.41	0.29	0.31	0.18
C26	2.90	2.71	2.36	1.13	0.56	0.66	0.98	0.55	0.52	0.11
C27	2.32	2.04	1.29	1.07	0.88	0.83	0.88	0.64	0.25	0.36
C28	2.66	1.80	1.20	1.12	0.86	1.21	0.60	0.91	0.48	0.52
C29	2.69	1.72	1.26	0.96	0.86	0.64	0.41	1.00	1.90	1.32
C30	2.53	1.85	1.17	1.01	0.80	0.34	0.28	0.37	0.40	0.15
C31 ~ C32	1.09	1.18	0.91	0.70	0.55	0.25	0.84	0.41	0.33	0.16

注：由于双边价值关联水平的测算结果较小，此处以测算结果值×100 的形式汇报。

资料来源：笔者根据价值链关联水平计算结果统计制表。

从表 3 – 5 中所示信息来看，当前，在计算机和电子以及光学产品制造业（C26）、电气设备制造业（C27）、机械设备制造业（C28）、汽车和拖车以及半拖车制造业（C29）领域内，行业参与全球价值链分工过程中，中国与主要关联伙伴国均保持着较高的双边价值链关联程度，样本期内，双边价值链关联程度测算结果均值均处于 0.50 以上，甚至在与韩国、日本、美国及德国等伙伴国的往来中，行业内双边价值链关联程度已显著高于 1，其中，中国与韩国的关联程度更在 2.50 以上，这些经济体本身在制造业整体层面与中国保持着较高的关联水平，在中国前十大关联伙伴国中，其与中国的双边价值链关联程度位居前列，而在具体行业领域内，中国与其的双边价值链关联程度也同样明显。

除上述行业外，在橡胶和塑料制品制造业（C22）、化学和化工产品制造业（C20）、其他运输设备制造业（C30）等领域内，中国与主要关联伙伴国也保持着较为明显的双边价值链关联程度。例如，在与日本、美国等市场的分工合作中，中国与其在 C22 类行业领域内保持着 1 以上的关联度水平，而在与印度尼西亚、匈牙利、斯洛伐克等新兴经济体的合作中，中国在 C22 类行业领域内与这些伙伴国的关联程度平均值虽不高，但相较其他行业也已处于前列位置。同样，在 C20 和 C30 类行业领域内，中国与韩国、日本、美国、德国等均保持着较为显著的关联程度，大多数情况下关联程度均值均在 1 以上，而与印度尼西亚等新兴经济体的关联程度均值虽不高，但对比其他行业，双边价值链关联水平也同样十分突出。

当然，在其他制造行业领域内，中国与个别伙伴国的双边价值链关联程度也同样值得关注。食品和饮料以及烟草业（C10~C12）领域内，中国与芬兰的双边价值关联程度均值达到 0.59，较其他与芬兰合作的制造业领域，这一关联水平已十分明显；纺织品和服装以及皮革制品制造业（C13~C15）领域内，中国与美国的双边价值关联程度均值达到 1.19，较其他行业同样处于前列；造纸和纸制品制造业（C17）领域内，中国与印度尼西亚的关联程度均值为 0.91，接近 1 的水平。此外，在与澳大利亚的分工合作中，中国还在印刷和记录媒介复制业（C18）、焦炭和精炼石油制品制造业（C19）、非金属制品业（C23）、基本金属制造业（C24）、金属制品业（C25）等领域内与其保持着较为明显的双边价值链关联程度，几类行业内，双边价值关联程度均值均超过了 0.90，较其他行业表现明显。

显然，从双边价值链关联视角来看，当前，中国在参与制造业全球价值链分工过程中，与韩国、日本、美国、德国、澳大利亚以及部分新兴经济体伙伴国保持着较为明显的双边价值链关联水平，并且样本期内，主要关联伙伴国基本保持稳定。而进一步分制造行业来看，在与这些主要关联伙伴国分工合作的过程中，不同行业领域内，中国与其双边价值链关联程度也存在显著的差别，C26、C27、C28、C29 类行业领域内，中国与伙伴国关联程度往往最高，C22、C20、C30 类行业领域内，中国与伙伴国关联程度也相对较为明显，而其他行业领域内，中国主要与个别伙伴国保持着较为明显的双边价值链关联程度。

三、中国制造业在伙伴国市场中的价值链分工地位衡量及比较

在明确中国制造业增加值出口贸易及与伙伴国双边价值链关联现状的基础上，本书再次从全球价值链分工地位视角出发，对中国制造业参与全球价值链的分工表现开展评价。本书的研究基于双边视角，重点对中国在伙伴国市场中制造业的相对分工地位进行衡量，测算工作主要以本国增加值中间价值相对出口率（dvaintrate）和本国中间价值提供量与国外价值使用量的对比情况（gvcposition）为依据。在获得全球价值链分工地位具体测算结果的基础上，为突出重点，本书结合中国制造业增加值出口贸易及与伙伴国双边价值链关联现状的分析工作，筛选出具备核心市场特征，并且与中国在制造业领域存在密切关联的伙伴国，作为价值链分工地位分析的代表性市场。根据前期分析，样本期内，美国、日本、德国、韩国、澳大利亚不仅是中国制造业增加值出口的核心市场，同时也与中国保持着极为明显的双边价值链关联程度，是中国制造业参与全球价值链分工过程中需要重点关注的典型代表性市场。

基于上述思考，以 dvaintrate 测算结果为依据，中国在典型代表性市场中的制造业价值链分工地位评价结果如图 3 - 10 所示。从图 3 - 10 所示结果来看，样本期内，中国在这些代表性市场中的价值链分工地位基本保持着平稳变化的态势，如在韩国市场中，除 2000 ~ 2002 年以及此后个别年份稍有变化外，其他年份内，中国制造业在韩国市场中的分工地位基本保持平稳，分工地位测算结果在 160 水平上下稍有波动。而同样，在其他市场中，中国制造业的价值链分工地位变化趋势也相对平稳，样本期内，价值链测算结果基本在 80 水平值上下波动，相对来说，较为明显的波动趋势主要出现在 2009 年后。例如，在美国市场中，中国制造业价值链分工地位出现先下降再平稳后继续提升的变化趋势，在日本、德国市场中出现平滑下降的趋势，在澳大利亚市场中出现平稳上升的趋势等。

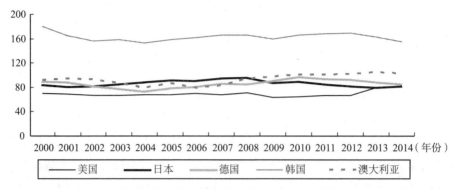

图 3 - 10　中国制造业在代表性市场中的价值链分工地位（*dvaintrate*）

注：由于两种算法下价值链分工地位测算结果数值较小，此处以测算结果值×100 的形式汇报。
资料来源：笔者根据价值链分工地位评价结果绘制。

　　而比较来看，中国制造业在韩国市场上获得的分工地位最高，纵观整个样本期，韩国市场上制造业价值链分工地位评价结果基本在 150 ~ 180 的区间内波动，这与中国对韩国制造业增加值出口的结构存在明显关联。根据前述分析，中国对韩国的制造业增加值出口中，中间价值占据了 60% 以上的份额，显然这一贸易结构直接影响了 *dvaintrate* 的评价结果。相对来说，在对美国、日本、德国及澳大利亚市场的出口中，中国制造业中间价值占增加值出口的比重较低，继而中国制造业在这些市场中的 *dvaintrate* 测算结果也要相对小于韩国市场内的评价结果，从图示信息来看，在这些市场中，中国制造业分工地位评价结果基本处于 60 ~ 100 的区间内。

　　进一步地，以 *gvcposition* 测算结果为依据，中国在代表性市场中的制造业价值链分工地位评价结果如图 3 - 11 所示。*gvcposition* 评价结果不仅考虑了中国制造业对伙伴国的中间价值提供量，更会进一步观察在增加值出口中，中国内涵使用的国外价值含量。从图 3 - 11 所示结果来看，在考虑了国外价值使用情况后，中国制造业在典型代表性市场中的全球价值链分工地位波动态势出现了一定程度的变化，其中，在美国和日本市场中，2001 ~ 2008 年间，价值链分工地位出现了明显的先降后升趋势，此后则保持平稳增长；而在韩国、澳大利亚以及德国市场中，样本期内中国制造业价值链分工地位变化趋势依旧平稳，但同样，2008 年之前，价值链的分工地位曾出现一定程度的下降，而 2008 年之后，中国制造业在这些市场中的全球价值链分工地位开始平稳上升，尤其是在德国和韩国市场中，这种上升趋势更为明显。

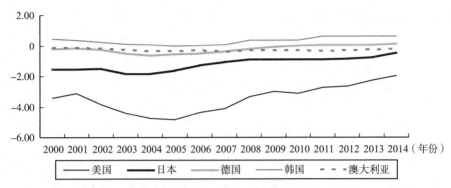

图 3 - 11   中国制造业在代表性市场中的价值链分工地位（*gvcposition*）

注：由于两种算法下价值链分工地位测算结果数值较小，此处以测算结果值 ×100 的形式汇报。
资料来源：笔者根据价值链分工地位评价结果绘制。

比较来看，以 *gvcposition* 衡量的中国在各代表性市场中的价值链分工地位对比情况与 *dvaintrate* 体现的情况类似，韩国市场中，中国制造业价值链分工地位依旧最高，而其他市场中，中国制造业全球价值链分工地位则相对低一些。不过，在考虑国外价值使用情况后，*gvcposition* 衡量的中国制造业在韩国市场上的价值链地位与其他市场中价值链地位的差距已大大缩小。

可以明确的是，样本期内，中国制造业价值链分工地位变化趋势总体平稳，在仅考虑增加值中间价值相对出口率的情况下，这种平稳趋势在主要伙伴国市场中均表现明显，而在考虑增加值出口中内涵使用的国外价值后，部分年份区间内，在美国、日本市场中，价值链分工地位曾出现一定程度的波动，观察中国制造业价值链分工地位及其变化趋势，有必要从多个视角充分展开评价。此外，从双边视角出发，中国制造业在具体伙伴国市场中的价值链分工地位会存在明显差别，这种差异在考虑国外价值使用情况后有所减弱，中国对伙伴国制造业增加值出口情况的差别是形成这种差异的重要原因之一，关注中国制造业价值链分工地位的差别同样需要充分考虑伙伴国市场的具体情况。

在明确典型代表性市场中中国制造业价值链分工地位总体情况的基础上，本书进一步从分行业视角出发，基于分工地位评价结果，观察各市场中中国制造业参与全球价值链分工的具体表现。以样本期均值为例，中国制造业在典型代表性市场中的分行业价值链分工地位如表3-6所示。

表3-6 中国制造业在代表性市场中的分行业价值链分工地位水平均值

行业	*dvaintrate*					*gvcposition*				
	美国	日本	德国	韩国	澳大利亚	美国	日本	德国	韩国	澳大利亚
C10~C12	109.15	70.50	184.33	158.10	77.05	-0.78	-2.52	-0.03	-0.33	-0.12
C13~C15	27.89	31.03	55.61	175.52	100.23	-2.83	-2.01	-0.24	0.02	-0.25
C16	64.74	93.27	83.68	116.40	112.35	-1.20	-1.25	0.36	0.38	-0.11
C17	97.95	96.72	92.90	103.97	99.98	-1.79	-0.41	0.49	0.41	-0.04
C18	64.72	95.77	63.62	102.98	71.91	-0.59	-0.23	0.10	0.44	-0.02
C19	98.39	106.02	100.30	99.06	96.00	-1.39	-0.45	0.57	0.70	-0.01
C20	92.96	97.94	99.59	107.64	93.71	-1.27	0.40	1.31	1.85	-0.03
C21	82.63	148.69	91.80	125.66	56.38	-0.83	-0.63	0.26	-0.21	-0.12
C22	78.86	88.30	90.28	128.01	103.98	-2.33	-0.47	0.27	0.34	-0.32
C23	80.92	119.92	77.56	129.10	103.59	-2.10	-0.35	0.04	0.66	-0.20
C24	78.42	99.35	79.96	106.24	92.29	-0.29	1.38	0.45	3.56	0.04
C25	90.23	111.50	87.53	124.46	104.48	-1.73	-0.62	0.60	0.59	-0.16
C26	49.16	75.85	101.13	155.84	74.00	-6.30	-2.02	-0.86	-0.06	-0.55
C27	85.47	102.45	84.69	102.76	103.03	-2.74	-0.93	-0.17	-0.08	-0.29
C28	103.13	142.79	106.48	129.62	75.99	-2.72	-0.31	0.16	-0.02	-0.19
C29	127.86	142.79	104.59	123.12	107.45	-1.14	2.27	0.67	0.92	-0.08
C30	136.82	243.88	77.36	125.31	48.72	-0.98	-0.44	-0.68	-0.22	-0.19
C31~C32	72.54	82.90	78.66	538.58	76.99	-4.51	-0.70	-0.44	0.58	-0.19

注：由于两种算法下价值链分工地位测算结果数值较小，此处以测算结果值×100的形式汇报。
资料来源：笔者根据价值链分工地位评价结果统计制表。

从表3-6中所示信息来看，具体到不同行业，中国在各代表性市场中的制造业价值链分工地位出现了明显的异质性。在美国市场中，无论是以 *dvaintrate* 的评价结果还是 *gvcposition* 的评价结果为依据，中国食品和饮料以及烟草业（C10~C12）、汽车和拖车以及半拖车制造业（C29）、其他运输设备制造业（C30）领域内的价值链分工地位相对于其他行业均明显靠前；而对比来看，在日本、德国、韩国、澳大利亚市场中，C29 类制造业的分工地位同样较高，不过同时考虑 *dvaintrate* 和 *gvcposition* 测算结果均值后，C10~C12、C30 类行业的价值链分工地位则并不突出；另外，其他行业，例如非金属制品业（C23）、机械设备制造业（C28）在日本市场中的价值链分工地位相对较为靠前，焦炭和精炼石油制品制造业（C19）、化学和化工产品制造业（C20）则在德国市场中的分工地位依旧稳居前列，而在韩国市场中，C23 类行业的价值链分工地位测算结果也同样居行业内靠前位置。

当然，除上述行业外，在仅考虑某一视角下的评价结果时，部分行业的价值链相对分工地位也在一定程度上保持了市场内领先的态势。例如，仅考虑 *dvaintrate* 测算结果均值时，金属制品业（C25）在日本和澳大利亚市场中的价值链分工地位相对突出，而 *gvcposition* 测算结果则显示，C25 类行业的相对分工地位主要在德国和韩国市场中有所体现；此外，基于 *gvcposition* 测算结果均值，印刷和记录媒介复制业（C18）在美国、日本、澳大利亚市场中的分工地位相较其他行业也位于前列。

总的来说，在关注中国制造业在伙伴国市场中价值链分工地位的同时，有必要进一步观察具体制造行业的差异化表现，从而深化对中国制造业价值链分工表现的评价工作。从样本期测算结果来看，不同于前述制造业分行业增加值出口贸易现状分析所表现出的态势，从两个视角出发，考虑价值链分工地位后，各制造行业在代表性市场中并没有形成统一而稳定的分工优势，行业的异质性表现在不同市场中也存在明显差别。

第四节　世界样本范围内制造行业网络
密集度水平衡量及比较

基于公式（3－15）和样本数据，本书继续对制造行业网络密集度水平进行测算并开展比较分析，相关测算结果如表3－7所示。根据表3－7中汇报的信息，从总体上来看，样本期内，世界样本范围内十八类制造行业参与全球价值链分工过程中，行业网络密集度水平均呈现出平稳上升的态势。样本初期，多数行业的网络密集度水平维持在1.20左右，而到2008年，各行业网络密集度水平已超越1.50，至2014年主要行业的网络密集度已处于1.70的水平线上下。可以明确的是，总体上来看，在世界互联网快速发展的背景下，全球样本范围内，制造行业对于互联网的依赖程度正不断提升，互联网的使用以及互联网行业的发展对制造业所赋予的优势程度在样本期内保持着平稳增长的态势。

表3－7　　　　　　　　　　制造行业网络密集度水平

行业	年份							
	2000	2002	2004	2006	2008	2010	2012	2014
C10~C12	1.23	1.33	1.35	1.42	1.51	1.63	1.69	1.71
C13~C15	1.18	1.28	1.33	1.41	1.51	1.64	1.70	1.73
C16	1.23	1.31	1.34	1.39	1.51	1.61	1.67	1.73
C17	1.25	1.36	1.40	1.44	1.51	1.60	1.65	1.68
C18	1.22	1.30	1.31	1.44	1.51	1.66	1.72	1.75
C19	1.16	1.26	1.33	1.41	1.50	1.64	1.68	1.72
C20	1.22	1.34	1.37	1.43	1.51	1.62	1.66	1.70
C21	1.24	1.34	1.36	1.44	1.51	1.64	1.68	1.71
C22	1.21	1.32	1.35	1.43	1.51	1.63	1.69	1.73

续表

行业	年份							
	2000	2002	2004	2006	2008	2010	2012	2014
C23	1.20	1.30	1.34	1.41	1.50	1.64	1.70	1.74
C24	1.22	1.32	1.35	1.42	1.50	1.63	1.67	1.70
C25	1.22	1.33	1.36	1.43	1.51	1.63	1.68	1.72
C26	1.26	1.37	1.39	1.45	1.50	1.58	1.64	1.68
C27	1.22	1.33	1.36	1.43	1.50	1.62	1.64	1.72
C28	1.24	1.36	1.38	1.45	1.51	1.61	1.65	1.69
C29	1.25	1.36	1.38	1.44	1.52	1.60	1.64	1.69
C30	1.25	1.39	1.39	1.44	1.51	1.61	1.64	1.67
C31~C32	1.20	1.32	1.35	1.42	1.52	1.64	1.69	1.73

资料来源：笔者根据制造行业网络密集度评价结果统计制表。

比较来看，样本期内，各制造行业网络密集度水平又存在着明显差别，并且，这种行业间差别伴随着时间变化而动态调整。2007年之前，造纸和纸制品制造业（C17）、计算机和电子以及光学产品制造业（C26）、机械设备制造业（C28）、汽车和拖车以及半拖车制造业（C29）、其他运输设备制造业（C30）的行业网络密集度水平较高，在十八类制造行业内持续保持前五的态势，这些行业往往本身就是互联网的相关产业，同时，根据王厚双和盛新宇（2019）对于制造行业的分类，其又具备较高知识密集度特征，因此行业较早地投入了互联网服务，互联网发展对行业赋予的优势程度也能更早地体现出来；而相对来说，纺织品和服装以及皮革制品制造业（C13~C15）、木材和木制品业（C16）、焦炭和精炼石油制品制造业（C19）以及非金属制品业（C23）在2007年之前的网络密集度水平较低，基本处于十八类行业的末位，这些行业往往生产初级产品或具备明显的劳动密集特征，相对于其他类别的行业，其早期的发展转型难度相对大，对互联网服务投入的依赖性相对低，互联网发展对行业赋予的优势程度也很难较早地体现出来。

而 2008 年之后，各行业的网络密集度水平差异依旧存在，但随着时间的动态调整，行业间的这种差异也开始出现了明显变化。2008～2014 年纺织品和服装以及皮革制品制造业（C13～C15）、印刷和记录媒介复制业（C18）、橡胶和塑料制品制造业（C22）、非金属制品业（C23）以及其他制造业（C31～C32）的网络密集度水平明显提升，一度跃升至行业领先位置。这些行业往往具备劳动或资本密集的特征，甚至多数行业的网络密集度水平在样本早期处于相对末位，但伴随着互联网的快速发展以及一段时间内的行业动态调整，互联网对行业发展的边际贡献开始凸显，行业所获得的优势程度显著提升。比较来看，造纸和纸制品制造业（C17）、计算机和电子以及光学产品制造业（C26）、机械设备制造业（C28）、汽车和拖车以及半拖车制造业（C29）、其他运输设备制造业（C30）的行业网络密集度水平在 2008 年后虽依旧有所增长，但相对地，其密集度水平增长速度明显放缓，网络密集度水平基本处于十八类行业的末位。这些行业的互联网服务优势在样本早期就开始显现，而此后互联网的边际贡献相对减弱，虽依旧呈现增长态势，但增长势头已有所减缓。

可以明确的是，伴随着全球互联网的快速发展，世界样本范围内，制造业参与全球价值链分工过程中，其行业网络密集度水平正持续平稳提升，互联网发展对制造行业赋予的优势程度在不断提高。不过，由于行业自身特征差异，各制造行业网络密集度水平存在明显差别，同时，伴随着时间的动态调整，行业间的这种差别也会出现显著变化。探索互联网发展对制造行业参与全球价值链分工的影响，必须充分考虑制造行业自身特征因素、制造行业网络密集度水平等在此过程中所形成的关键作用。

第五节　本章小结

本章结合本书研究的核心议题，重点对关键变量的评价指标及衡量方法进行梳理介绍，并基于可获得的样本数据开展测评。在此基础上，本书基于指标评价结果，对中国与主要伙伴国互联网发展水平、中国制造业增加值出口贸易、中国与主要伙伴国双边价值链关联程度、中国制造业在代表性市场中的价值链分工地位以及世界样本范围内制造行业网络密集度等开展比较分析，以明确本书研究工作中重点关注的有关中国互联网、制造业全球价值链分工表现、行业网络密集度等的发展现状。

研究结果显示，当前，世界各国互联网发展水平均有了明显提升，样本期内，中国与主要伙伴国互联网综合评价结果均呈现显著的上升趋势，但各国互联网发展水平的提升势头并不完全一致，近年来，国家间互联网发展水平差距依旧明显。与代表性伙伴国相比，样本初期，中国互联网发展水平较低，但中国互联网发展势头迅猛，在历经十多年发展后，其互联网发展水平已基本处于相对领先位置，不过中国与主要伙伴国互联网发展水平所拉开的差距并不大，与主要伙伴国在互联网发展方面依旧呈现相互赶超的基本态势。

而在参与全球价值链分工方面，中国制造业的分工特征也十分明显。全球价值链分工背景下，中国制造业增加值出口规模获得明显提升，最终价值和中间价值的出口增长势头均表现显著，但当前，最终价值出口仍旧是中国制造业增加值总出口的主要组成部分，中间价值出口比重相对较低，但与最终价值出口的差距正逐步缩小；分行业来看，中国各制造行业增加值出口贸易情况存在明显差别，制造业增加值出口贸易规模的形成较多依赖少部分行业的贡献，但部分规模较小的行业增加值出口结构较优，中间价值出口比重已明显超越最终价值；此外，样本期内，美国、日本、德国等国家是中国制造业增加值出口的核心市场，在这些出口市场中，中国制造业增加值出口贸易表现虽存在不同程度的差别，但基本情况与制造业增加值总出口贸易一致。参与全球价值链分工过程中，中国与韩国、日本、美国等国家在制造业领域保持着较高的双边价值链关联程度，但不同行业领域内，中国与伙伴国的双边价值链关联程度也存在明显差别。样本期内，中国制造业价值链分工地位变化趋势总体平稳，在仅考虑增加值中间价值相对出口率的情况下，这种平稳趋势在主要伙伴国市场中均表现明显，而在考虑增加值出口中内含使用的国外价值后，部分年份区间内，在个别伙伴国市场中，中国的价值链分工地位曾出现一定程度的波动；同时，在不同伙伴国市场内，中国制造业所获得的价值链分工地位也会有明显不同，并且，从分行业视角来看，各制造行业在代表性市场中并没有形成统一而稳定的分工优势，行业的异质性表现在不同市场中也存在明显差别。

最后，观察世界样本范围内制造行业网络密集度发展情况，可以明确的是，伴随着全球互联网的快速发展，制造业参与全球价值链分工过程中，行业网络密集度水平正持续平稳提升，制造业对互联网的依赖程度明显提高，互联网发展对制造行业所能赋予的优势也愈发显著。但从分行业视角来看，由于行业自身特征差异，各制造行业网络密集度水平存在明显差别，密集度水平的变化态势也具备较大差异。

第四章

互联网、行业网络密集度
与中国制造业增加值出口

　　当前，全球价值链分工已经成为制造业参与国际分工的主流形式，伴随着国际分工模式的深化，增加值贸易的重要性日益凸显，以贸易总值为基础的官方统计工作正受到严峻挑战，聚焦由国内要素与技术投入所带来的国内增加值出口有利于更为直接地评价制造业参与国际分工的真实利得，也能进一步明确制造业参与全球价值链分工的直接表现。

　　而根据前述理论分析，互联网的发展有助于一国对伙伴国出口的增长，基于互联网贸易成本削减机制，两国间贸易往来进一步频繁，互联网对国际贸易的扩张存在显著的促进作用，当然也有利于增加值出口贸易的增长。此外，从国际垂直分工视角出发开展分析，互联网对全球价值链分工及增加值往来的影响也被进一步明确，在跨国协作与分工过程中，互联网的发展有助于一国为他国生产提供更多中间使用价值，发展互联网进一步强化了价值链分工过程中增加值的跨境流动。而具体到制造行业，由于制造业自身网络密集度的存在，互联网对制造业增加值出口作用的发挥往往会受到一定程度的限制，同时，因行业存在的差别特征，互联网的影响是否存在异质性也有待进一步论证。

　　基于此，结合理论分析的初步结论，从实证视角出发，进一步论证互联网对制造业增加值出口贸易的影响，不仅有助于深化互联网与国际贸易关系的探究工作，更能在此基础上明确互联网对制造业全球价值链分工表现的影响。为此，本书构建计量模型，并基于可获得数据，首先论证互联网对制造业增加值出口的直接影响，并探究互联网发挥影响过程中制造行业网络密集度所产生的关键作用以及互联网影响是否存在异质性等问题；其次，在明确互联网直接影响的前提下，本书进一步论证互联网发挥影响的作用渠道，就理论分析中所指出的互联网贸易成本削减机制开展重点分析；最后，在完成上述研究工作的同时，本书进一步开展拓展分析，以借鉴经验数据和实证结论，深化互联网对制造业增加值出口影响的分析工作。

第一节　计量模型、变量与数据说明

本章的首要工作是探究互联网发展对中国制造业增加值出口的直接影响，并明确制造行业网络密集度在互联网发挥影响过程中所产生的关键作用。实际分析过程中，一方面，根据前述互联网影响国际贸易的理论分析思路，探究互联网发展对制造业增加值总出口的影响；另一方面，进一步基于互联网对价值链分工影响的分析结论，对制造业出口增加值进行分解，明确互联网对增加值最终价值和中间价值出口的具体作用，并作对比。此外，根据理论机制分析及本书对已有研究的总结，从双边视角出发，关注互联网发展对国际分工、增加值贸易的影响不仅要立足本国互联网发展情况，更需要明确本国与伙伴国的相对互联网发展水平，而具体到制造行业，即使制造业的发展对互联网存在显著的依赖性，但当制造行业网络密集度水平与一国互联网综合发展水平不匹配时，互联网作用的发挥也会明显受限。基于上述思考，结合孙楚仁等（2018）、盛新宇等（2020）的做法，本书构建如下计量模型：

$$dva_{cpkt} = \alpha + \beta_1 internet_{cpt} + \beta_2 |internetc_{ct} - ini_{kt}| + BX + \gamma_i + \eta_t + \varepsilon_{it} \quad (4-1)$$

其中，下标 c、p、k、t 分别表示中国、伙伴国、制造行业以及时期，dva_{cpkt} 代表 t 时期中国对伙伴国 k 制造行业的增加值出口，$internet_{cpt}$ 表示 t 时期中国相对于伙伴国的互联网发展水平，$internetc_{ct}$ 则衡量了 t 时期中国自身的互联网发展水平，ini_{kt} 表示 t 时期世界样本范围内 k 制造行业的网络密集度，X 代表相关控制变量，α 表示截距项，β_1 和 β_2 为核心解释变量的系数，B 代表控制变量的系数矩阵，r_i 和 η_t 分别表示个体（国家－行业）固定效应和时期固定效应，ε_{it} 则表示随机误差项。

实际分析过程中，对制造业增加值出口、各国互联网发展水平以及制造行业网络密集度水平的衡量参照第三章的方法进行。被解释变量制造业增加值出口（dva）除纳入总出口评价结果外，进一步考虑了行业增加值最终价值出口（dva_fin）和中间价值出口（dva_int）的评价结果。核心解释变量互联网发展水平（$internet$）以中国互联网发展水平与伙伴国互联网发展水平之比来衡量，为作区别，中国自身互联网发展水平以 $internetc$ 来表示。

本书的实证分析工作重点关注核心解释变量系数 β_1 和 β_2 的回归结果，回归结果中，当 β_1 显著为正时，表明相对于伙伴国，中国的互联网发展水平越高，越有利于中国制造业增加值出口的增长，制造业全球价值链分工表现也越优；当 β_2 显著为负时，表明中国整体的互联网发展水平与各制造行业网络密集度水平的差距越小，越有利于互联网对制造业增加值出口贸易作用的发挥，制造行业网络密集度在互联网影响中国制造业增加值出口贸易过程中的作用越明显，中国制造业全球价值链分工表现同样也越优。

为保证计量结果的稳健性，本书在开展实证分析的过程中同时纳入相关控制变量，控制变量的选择既考虑了中国与伙伴国双边宏观经济因素所带来的影响，同时也进一步关注中国制造行业自身因素对其增加值出口所形成的作用。宏观经济因素选择方面，首先，本书纳入中国 GDP（gdp_china）以及伙伴国 GDP（$gdp\_partner$）两个方面的控制变量。根据现有研究，贸易主体的 GDP 本身就是分析双边贸易问题时所需重点考虑的引力模型变量（Henderson et al.，2002），而同时，如果伙伴国 GDP 水平越高，其市场需求越大，也越有助于中国制造业对其的增加值出口。其次，本书进一步纳入经济自由度（$freedomcp$）以及政治全球化（$pgicp$）两个方面的控制变量来衡量中国与伙伴国的宏观经济与政策环境。全球价值链分工往往涉及产品的多次价值往来，在此过程中，双边交易对一国经济的自由开放程度、整体的政策环境以及产业发展环境等提出了更高要求，本书以经济自由度和政治全球化来衡量中国与伙伴国对外贸易、产业发展所面临的环境因素，考虑经济自由度和政治全球化发挥作用需要贸易双方的共同推进，因此分别以中国和贸易伙伴国两类指标评价结果之比来衡量经济自由度和政治全球化的相对发展水平。而针对中国制造业行业特征变量的选择，本书分别从制造业生产与投入两个视角出发，选取相关指标来评价产业自身发展所面临的情况。控制变量选择过程中分别纳入了制造行业资本存量（kcp）以及制造业从业人员投入量（$empcp$）两个方面的指标作为模型回归的控制变量，以体现中国制造业在参与全球价值链分工过程中自身所面临的要素禀赋情况和所具备的比较优势。

基于此，本书实证模型的最终形式确定为：

$$dva_{cpkt} = \alpha + \beta_1 internet_{cpt} + \beta_2 \left| internetc_{ct} - ini_{kt} \right| + \beta_3 gdp\_china_{ct}$$
$$+ \beta_4 gdp\_partner_{pt} + \beta_5 freedomcp_{cpt} + \beta_6 pgicp_{cpt} + \beta_7 kc_{ckt}$$
$$+ \beta_8 empc_{ckt} + \gamma_i + \eta_t + \varepsilon_{it} \qquad (4-2)$$

实证分析过程中，伙伴国样本以及制造行业样本的选择与本书第三章的工作一致。中国对伙伴国制造业增加值出口规模（单位：百亿美元）、中国与伙伴国互联网发展水平以及制造行业网络密集度水平的衡量结果来自本书第三章的测算工作；中国与伙伴国 GDP 数据（单位：万亿美元，2010 年不变价）来自世界银行数据库世界发展指标数据（World Development Indicators，WDI）；中国与伙伴国经济自由度指数评价结果基于美国传统基金会（the heritage foundation）公布的数据统计所得；中国与伙伴国政治全球化指数评价结果基于瑞士苏黎世联邦理工学院经济研究所（KOF Swiss Economic Institute）公布的数据统计所得；中国制造业分行业资本存量（单位：万亿元）、从业人员投入量（单位：百万人）数据来源于世界投入产出数据库（World Input-Output Database，WIOD）社会经济账户数据（Socio Economic Accounts，SEA）。囿于增加值出口数据的年限范围，实证分析的样本年限同样设定为 2000～2014 年。

第二节　基准回归

基于上述研究设计，互联网发展对中国制造业增加值出口影响的基准回归结果如表4-1所示。其中，第（1）列汇报了针对中国制造业增加值总出口的回归结果，第（2）列和第（3）列则汇报了针对中国制造业增加值最终价值和中间价值出口的回归结果。

表4-1　　　　　　　　　　　　基准回归结果

变量	（1）	（2）	（3）
internet	0.1219 *** （5.9446）	0.0360 ** （2.1068）	0.0859 *** （11.9916）
|*internetc-ini*|	−0.1689 *** （−2.8571）	−0.0728 （−1.4787）	−0.0961 *** （−4.6524）
gdp_china	−0.0202 *** （−10.5355）	−0.0129 *** （−8.0890）	−0.0073 *** （−10.8730）
gdp_partner	0.3400 *** （53.6820）	0.2243 *** （42.5222）	0.1157 *** （52.2894）
freedomcp	0.1021 *** （3.0123）	0.0703 ** （2.4910）	0.0318 *** （2.6842）
pgicp	0.0101 （0.3047）	0.0222 （0.8042）	−0.0121 （−1.0444）
kc	0.0178 *** （7.3874）	0.0082 *** （4.0928）	0.0096 *** （11.3874）
empc	0.0183 *** （21.2790）	0.0149 *** （20.8141）	0.0034 *** （11.2927）
常数项	−0.5713 *** （−11.7923）	−0.3832 *** （−9.4990）	−0.1881 *** （−11.1095）
个体固定效应	是	是	是

变量	(1)	(2)	(3)
时期固定效应	是	是	是
样本数	11070	11070	11070
R^2	0.3411	0.2400	0.3550

注：括号内汇报了回归系数的 t 值；＊、＊＊和＊＊＊分别表示 10%、5% 和 1% 的显著性水平。
资料来源：笔者根据实证结果统计制表。

从回归结果来看，在全球价值链分工背景下，互联网的发展对中国制造业增加值出口贸易存在明显的正向影响，1% 的显著性水平下，针对中国制造业增加值总出口，互联网发展变量的影响系数达到了 0.1219，表明相对于伙伴国，中国互联网发展水平的提高显著促进了制造业增加值总出口贸易规模的扩张，这与前述理论分析所总结的互联网发展有助于一国对伙伴国出口增长的结论明显一致。进一步的，在针对制造业增加值中间价值出口的回归中，互联网发展的影响系数也在 1% 的显著性水平下达到了 0.0859，在制造业全球价值链分工领域内，提升互联网发展水平，有助于中国为伙伴国生产提供更多中间使用价值，这与互联网对全球价值链分工影响的理论机制分析结论明显一致。此外，针对最终价值的出口，互联网的作用在 5% 的显著性水平下表现为正，这表明，互联网的发展不仅能够促进中国制造业增加值总出口以及中间价值出口的增长，其对行业最终价值出口贸易的扩张也有明显的正向影响，但相对来说，这种影响的显著性要弱一些。

此外，与前述理论分析一致，在互联网发挥影响的过程中，制造行业网络密集度的作用也同样存在。从表 4−1 中汇报的结果来看，无论是针对制造业增加值总出口还是最终价值或中间价值的出口，互联网与制造行业网络密集度差距的绝对值变量影响系数均为负，表明中国互联网发展水平与各制造行业网络密集度水平的差距越小，越有利于中国制造业增加值出口的增长，互联网的正向影响也越容易发挥。不过进一步比较来看，在针对中国制造业总出口及中间价值出口的回归中，互联网与制造行业网络密集度差距绝对值的影响表现显著，其系数在 1% 的显著性水平下分别达到了 −0.1689 和 −0.0961，而在针对最终价值出口的回归中，系数所形成的负影响依旧成立，但显著性并不明显。同互联网对中国制造业增加值出口贸易的影响特征一致，在互联网发展显著促进中国制造业增加值总出口及中间价值出口的过程中，行业网络密集度的显著作用也同样表现明显，而相对来说，互联网对制造业最终价值出口影响的显著性稍弱一些，行业网络密集度的作用也并不显著。

进一步观察控制变量所形成的影响，表 4 − 1 的回归结果显示，在互联网影响制造业增加值出口贸易的过程中，中国 GDP 的增长对制造业增加值出口呈现显著的负向作用，在 1% 的显著性水平下，无论是针对制造业增加值总出口，还是最终价值或中间价值出口，GDP 增长的这种负向影响均表现明显。从需求角度来看，本国 GDP 增长从而本土市场需求扩大，有利于行业形成比较优势或规模经济，实现以内需促进外贸增长的局面（Porter，1990），但同时，在国内需求显著提升后，庞大的国内市场对制造业产出增长也存在足够的内需容纳（江小涓，2007），此外，全球价值链分工模式下，制造业参与国际贸易尤其是以外部市场为主要销售目的地的加工贸易活动时，本土市场效应往往并不明显，并且，在分工过程中，仅以廉价劳动力等优势嵌入全球价值链分工活动的企业往往会面临更大的生存压力，在国内市场需求扩大之后，也会更加倾向于对内加工，为国内市场提供更多价值（邱斌和尹威，2010）。而我国在融入全球价值链分工的初期，正是通过廉价劳动力和土地优势嵌入了全球价值链相对低端的加工制造环节（洪银兴，2017），并且在较长一段时间内，我国对外贸易大头由大量小企业支撑，贸易主体中世界知名的大企业相对较少（罗长远和智艳，2014），企业生存压力巨大。因此，在样本期内，中国 GDP 增长从而本土市场需求的扩大对制造业增加值出口的带动作用并不明显，反而一定程度上吸收了制造业部分增加的产出价值。而相对来说，伙伴国 GDP 的增长从而推动出口市场需求的扩大，有助于中国制造业增加值出口规模的扩张，1% 的显著性水平下，针对增加值总出口以及最终价值和中间价值出口，其影响系数分别达到了 0.3400、0.2243 和 0.1157，变量的正向作用表现明显。

环境因素方面，相对于伙伴国，中国经济自由度水平越高，越有利于本国制造业增加值出口，制造业全球价值链分工表现也越优，1%的显著性水平下，针对制造业增加值总出口及中间价值出口，经济自由度相对发展水平变量的影响系数分别达到了0.1021和0.0318，而针对制造业最终价值出口，其影响系数也在5%的显著性水平下表现为正。中国与伙伴国政治全球化相对水平的提升同样对中国制造业增加值出口贸易有正向影响，但从回归结果来看，这种正向影响的显著性现尚不明显。从全球价值链分工特征来看，其形成和发展的关键前提之一是国际贸易与投资环境的改善（王直等，2015），全球价值链分工背景下，跨国协作过程本身对经济环境的依赖程度就较高；而整个分工链条上，跨国公司又往往掌握着产业的核心技术，控制着产品销售的关键市场渠道（洪银兴，2017），跨国公司实际引领了全球价值链的生产分工，并与其他参与分工的企业一同成为全球价值链分工链条上的主体，相对来说，企业对经济环境的影响更为敏感，而政治环境的改善同样存在正向作用，但这种作用的显著性则相对薄弱。

此外，行业层面变量也在互联网影响中国制造业增加值出口的过程中发挥着显著作用，从回归结果来看，无论是针对制造业增加值总出口，还是最终价值或中间价值出口，制造业资本存量和从业人员投入的增加均有助于行业增加值出口规模的进一步扩张，并且，两类变量的正向作用在1%的显著性水平下均表现明显。显然，强化产业的要素投入，提升行业要素禀赋优势，有助于行业进一步巩固自身参与国际分工的竞争实力，并实现增加值出口扩张，继而优化参与全球价值链的分工表现。

第三节　稳健性检验

为进一步检验回归结果的稳健性，针对基准回归，本书在充分考虑实证分析过程中可能存在的问题后，依次采用替换核心解释变量后再回归、差异化样本下的实证结果比较以及考虑内生性问题的再检验等方法，对回归结果开展稳健性检验。

一、考虑不同互联网发展水平衡量方法的稳健性检验

实证分析过程中，本书的互联网发展水平以及世界样本范围内制造业网络密集度水平的评价结果均基于第三章的互联网发展水平综合评价工作计算得出，针对互联网发展水平评价，本书主要基于现有研究，从经济视角总结互联网发展的内涵，并根据其内涵从互联网的普及使用、基础设施建设、互联网关联产业的投入与产出等方面选取指标开展测评工作，最终获得基于经济学视角考量的评价结果。而事实上，瑞士苏黎世联邦理工学院经济研究所在公布各国全球化指数的同时，也对各国的信息全球化指数开展了专题评价，该项评价工作聚焦互联网专利技术、信息通信自由等问题，选取互联网专利、高技术出口、互联网带宽、互联网接入、媒体自由等多个方面的指标开展综合测评，最终形成了针对信息化发展的综合评价结果，并将其与政治全球化指数等一同作为评价一国全球化水平的关键专题。

从不同视角切入对互联网发展水平开展综合评价有利于更为全面、客观地明确各国互联网发展的事实状态，也有利于防止因本书在指标选取过程中可能存在的主观性或疏漏而导致的回归结果偏误。为此，以信息全球化指数①来重新衡量中国与伙伴国的互联网发展水平，同时对世界样本范围内制造行业网络密集度水平进行重新测算，并纳入实证分析过程，对模型进行再次回归。考虑不同互联网发展水平衡量方法的稳健性检验结果如表 4 - 2 所示，表中第（1）至第（3）列分别汇报了针对制造业增加值总出口、最终价值及中间价值出口的回归结果。

---

① 瑞士苏黎世联邦理工学院经济研究所公布的信息全球化指数取值范围为 [0，100]，为保障实证回归后变量系数的小数位数，本书将信息全球化指数的取值范围调整为 [0，1]，本书其他章节稳健性检验过程中信息全球化指数的处理也均遵循这一做法，不再赘述。

表 4 - 2   考虑不同互联网发展水平衡量方法的稳健性检验

变量	(1)	(2)	(3)
internet	0.3904 *** (8.8519)	0.3188 *** (8.6928)	0.0716 *** (4.6072)
|*internetc-ini*|	- 0.3009 *** (- 2.8402)	- 0.1249 (- 1.4173)	- 0.1760 *** (- 4.7173)
常数项	- 0.6920 *** (- 11.5875)	- 0.5080 *** (- 10.2281)	- 0.1840 *** (- 8.7493)
包含控制变量	是	是	是
个体固定效应	是	是	是
时期固定效应	是	是	是
样本数	11070	11070	11070
R^2	0.3438	0.2452	0.3474

注：括号内汇报了回归系数的 t 值；* 、** 和 *** 分别表示 10% 、5% 和 1% 的显著性水平。
资料来源：笔者根据实证结果统计制表。

从回归结果来看，与基准回归相比，模型主要变量的显著性和作用方向并未发生明显变化，核心解释变量互联网发展水平的影响系数依旧显著为正，中国互联网发展水平与制造行业网络密集度差距的绝对值影响系数也依旧为负。推动互联网发展有助于中国制造业增加值出口增长，而在此过程中，中国互联网发展水平与各制造行业网络密集度水平的差距越小，也越有助于中国制造业价值链分工表现的优化。显然，基准回归结果稳健可靠。

二、差异化样本下的实证结果比较与稳健性检验

进一步地，为判断本章基准回归结果是否为某一特定样本下的偶然现象，基于实证分析样本，本书重新筛选出世界公认的经济组织作为新样本对模型进行再次回归。在实证分析样本范围内共匹配出二十国集团（G20）及欧洲

联盟（EU）两个经济组织的成员用于实证分析工作。① 参照基准回归模型的设定，差异化样本下的实证结果比较与稳健性检验如表4-3所示，针对两类样本的回归结果分别汇报至表中对应模块，不同模块下第（1）~（3）列均分别汇报了针对制造业增加值总出口、最终价值及中间价值出口的回归结果。

表4-3   差异化样本下的实证结果与稳健性检验

变量	G20 样本			EU 样本		
	（1）	（2）	（3）	（1）	（2）	（3）
internet	0.1526 *** (3.2535)	0.0154 (0.3878)	0.1372 *** (8.3865)	0.0531 *** (5.3604)	0.0215 *** (3.2950)	0.0317 *** (6.8494)
｜*internetc-ini*｜	-0.3671 ** (-2.4287)	-0.1833 (-1.4338)	-0.1838 *** (-3.4855)	-0.1065 *** (-4.1817)	-0.0118 (-0.7069)	-0.0946 *** (-7.9680)
常数项	-1.7227 *** (-6.5373)	-1.7382 *** (-7.7979)	0.0155 (0.1685)	-0.3643 *** (-18.1085)	-0.2213 *** (-16.7442)	-0.1430 *** (-15.2337)
包含控制变量	是	是	是	是	是	是
个体固定效应	是	是	是	是	是	是
时期固定效应	是	是	是	是	是	是
样本数	4050	4050	4050	7560	7560	7560
R^2	0.4134	0.3077	0.4178	0.3234	0.2810	0.2747

注：括号内汇报了回归系数的 t 值；*、** 和 *** 分别表示10%、5%和1%的显著性水平。
资料来源：笔者根据实证结果统计制表。

从回归结果来看，实证模型主要变量的作用方向与显著性同样未发生明显改变，核心解释变量互联网发展水平的影响系数依旧显著为正，中国互联网发展水平与制造行业网络密集度差距的绝对值影响系数在针对制造业增加

① 此处 G20 以及 EU 并不包含该经济组织的所有成员国，成员国的筛选工作基于本书的样本国家展开，例如，沙特阿拉伯是 G20 的成员国之一，但 WIOD 公布的世界投入产出表并未汇报沙特阿拉伯的投入产出数据，因此本书的分析样本并不包含该国，在差异化样本下的实证结果比较与稳健性检验工作中，G20 样本也同样不包含沙特阿拉伯。本书差异化样本下再检验过程中其他样本的筛选也均遵循这一做法，不再赘述。

值总体及中间价值出口的回归中显著为负，而在针对最终价值出口的回归中，其影响系数依旧为负，但显著性仍不明显。显然，从回归结果来看，基准回归并非某一特定样本下的偶然现象，所得出的结论稳健可靠。

三、考虑内生性问题的稳健性检验

本书重点探究互联网发展对中国制造业增加值出口的影响，并进一步明确制造行业网络密集度在此过程中的作用。但回归结果稳健的前提是互联网对中国制造业增加值出口存在单向作用，中国互联网发展水平与制造行业网络密集度差距的绝对值也在此过程中形成单方面影响。而事实上，全球价值链分工的深化发展同样对一国信息交流效率、互联网发展水平提出了更高要求，因此制造业增加值出口贸易的进一步扩张很可能会倒逼各国提升互联网发展水平，并影响制造行业的网络密集度。这种可能存在的双向因果关系会导致内生性问题的出现。

基于上述思考，一方面，本书以中国和伙伴国互联网发展的相对水平以及中国互联网发展水平与制造行业网络密集度差距绝对值变量的滞后 1 期作为核心解释变量的工具变量，并基于工具变量两阶段最小二乘法（IV-2SLS）开展检验，检验结果如表 4-4 工具变量法（IV1）模块所示。表 4-4 中第（1）~（3）列分别汇报了针对制造业增加值总出口、最终价值及中间价值出口的回归结果。滞后期内生解释变量与原核心解释变量本身存在相关性，但同时又是前定变量，与当期扰动项不相关，因此满足工具变量的选择条件。

表 4-4   考虑内生性问题的稳健性检验

变量	工具变量法（IV1）			工具变量法（IV2）		
	（1）	（2）	（3）	（1）	（2）	（3）
internet	0.1336 *** （4.4580）	0.0357 （1.6230）	0.0979 *** （6.0616）	0.5324 *** （3.4245）	0.3268 ** （2.4833）	0.2055 *** （4.9930）

续表

变量	工具变量法（IV1）			工具变量法（IV2）		
	（1）	（2）	（3）	（1）	（2）	（3）
｜internetc-ini｜	−0.5184 **	−0.2588	−0.2597 ***	−0.2951	−0.1010	−0.1941 ***
	（−2.2517）	（−1.2626）	（−5.0904）	（−1.6437）	（−0.6262）	（−4.7476）
常数项	−1.2515 ***	−0.7698 ***	−0.4817 ***	−0.6435 ***	−0.4450 ***	−0.1986 ***
	（−3.6243）	（−2.5960）	（−5.3279）	（−7.9954）	（−6.2797）	（−9.9049）
包含控制变量	是	是	是	是	是	是
个体固定效应	是	是	是	是	是	是
时期固定效应	是	是	是	是	是	是
Kleibergen-Paap rk LM 统计量	1688.865 [0.0000]	1688.865 [0.0000]	1688.865 [0.0000]	666.389 [0.0000]	666.389 [0.0000]	666.389 [0.0000]
Kleibergen-Paap rk Wald F 统计量	2273.872 {7.03}	2273.872 {7.03}	2273.872 {7.03}	484.439 {7.03}	484.439 {7.03}	484.439 {7.03}
样本数	10332	10332	10332	11070	11070	11070
R^2	0.4059	0.3115	0.4955	0.3986	0.3054	0.4869

注：括号内汇报了回归系数的 t 值（或 z 值）；*、** 和 *** 分别表示 10%、5% 和 1% 的显著性水平；［］内汇报了相应统计量的 P 值，｜｜内汇报了 Stock-Yogo 检验在 10% 水平上的临界值。
资料来源：笔者根据实证结果统计制表。

另一方面，本书参考王梦颖和张诚（2021）的工具变量构造思路，结合WIOTs 公布的信息，将实证分析样本划分为 OECD 成员和非 OECD 成员两组，并以各组样本中所有其他成员的 GDP 占比为权重对其互联网发展水平进行加权求和作为某一成员互联网发展水平变量的工具变量。即 $internetiv_{it} = \sum (gdp_{rt}/\sum gdp_{rt})internet_{rt}$，其中，$r$ 代表了每一组样本中除 i 成员样本外的其他成员，$internetiv$ 为构造的工具变量。在此基础上，本书继续采用工具变量两阶段最小二乘法（IV-2SLS）开展检验，相关回归结果汇报至表 4 – 4 工具变量法（IV2）模块，其中第（1）~（3）列同样分别汇报了针对制造业增加值总出口、最终价值及中间价值出口的回归结果。在区分 OECD 成员和非 OECD 成员样本后，同一样本组内的成员往往存在一定的共性特征，其他成员的互联网发展与该成员互联网发展水平存在一定关联，而同时，该成员基于互联网发展推进制造业增加值出口又主要依赖于国内自身条件，因此所构造的工具变量能够满足外生假定。

从回归结果来看，回归所采用的工具变量基本拒绝了识别不足的原假设且不存在弱工具变量问题，同时，主要变量的回归结果与基准回归基本一致，互联网发展水平的提升对制造业增加值出口有明显的促进作用，而中国互联网发展水平与制造行业网络密集度差距绝对值的影响仍旧为负，核心变量回归系数的显著性仅在部分回归过程中稍有变化。显然，从考虑内生性问题的稳健性检验结果来看，基准回归结果依旧稳健可靠。

第四节　异质性检验

根据前述对现有研究工作的总结，受行业自身差别特征等的影响，互联网对国际贸易分工所形成的作用也会存在显著的异质性。而从现状分析工作来看，在制造业增加值出口贸易发展过程中，由于行业的差别特征，中国对伙伴国增加值出口贸易的表现也有明显不同，同时，这些引致增加值出口贸易不同表现的行业又往往具备一些共性特征。例如，在具备知识密集型特征的制造业领域，行业的增加值出口规模往往较大，但由于中国早期主要是通过廉价劳动力和土地优势嵌入全球价值链相对低端的加工制造环节（洪银兴，2017），因此，这些行业领域内，中国增加值最终价值的出口比重往往较高，而中间价值的比重相对要低很多。此外，在互联网促进效应存在异质性的前提下，行业网络密集度在互联网发挥作用过程中也可能产生明显不同的影响。为此，有必要在证实互联网发展对中国制造业增加值出口贸易直接影响的同时，进一步纳入行业异质性因素，来细化对互联网作用的探究工作。

劳赫（Rauch，1999）在研究中曾对贸易产品异质性特征做了系统探究，并根据各类贸易产品是否存在基准价格这一标准，将产品划分至具备不同程度差异化特征的类别中，形成了同质性、异质性或低差异化、高差异化产品分类体系。这种分类方法被李小平等（2015）应用于中国制造业产品出口贸易问题的分析中。而根据吴小康（2015）的研究，劳赫（Rauch，1999）研究中所形成的高低差异化产品分类体系往往能够体现出出口产品或其所属行业的某些共性特征，例如，在高差异化特征的产品类别中，贸易产品的技术含量往往也更高，而产品间的替代弹性则更小。

参照劳赫（Rauch，1999）的分类标准以及李小平等（2015）在制造业产品出口贸易问题研究中对这一分类方法的实际应用，结合本书分析工作所选的行业样本，在本章，本书以劳赫（Rauch，1999）研究中的宽松区分方法为标准，将参与全球价值链分工的制造业划分为低差异化行业（其中包含C10～C12、C13～C15、C16、C17、C18、C19、C22、C23、C24、C25、C31～C32共十一个行业）和高差异化行业（其中包含C20、C21、C26、C27、C28、C29、C30共七个行业）。而进一步结合王厚双和盛新宇（2019）在研究中按照行业要素密集度特征的分类方法来观察两类行业后发现，低差异化行业包含了所有劳动密集型和资本密集型特征的制造行业，而高差异化行业则包含了所有知识密集型特征的制造业。因此，基于高低差异化产品分类标准对本书样本进行异质性区分的做法，既考虑了行业不同技术含量、产品差异化替代弹性等问题，同时也进一步纳入了行业要素密集度等共性特征。

根据上述行业分类，本书进一步对模型开展回归，互联网对中国制造业增加值出口影响的异质性检验结果如表4-5所示，其中针对低差异化制造业和高差异化制造业样本的回归结果分别呈现于表中的对应模块，各模块中第（1）～（3）列均分别汇报了针对制造业增加值总出口以及最终价值和中间价值出口的回归结果。

表4-5　　　　　　　　　　异质性检验

变量	低差异化行业			高差异化行业		
	（1）	（2）	（3）	（1）	（2）	（3）
internet	0.0685 *** (3.4379)	0.0120 (0.6461)	0.0565 *** (11.0224)	0.2058 *** (5.1608)	0.0737 ** (2.3006)	0.1321 *** (8.9190)

续表

变量	低差异化行业			高差异化行业		
	（1）	（2）	（3）	（1）	（2）	（3）
|internet-ini|	0.1831***	0.2013***	−0.0182	−0.8270***	−0.6336***	−0.1933***
	（2.7419）	（3.2425）	（−1.0591）	（−4.9709）	（−4.7415）	（−3.1290）
常数项	−0.5110***	−0.4030***	−0.1081***	−0.5816***	−0.2946***	−0.2870***
	（−10.7712）	（−9.1361）	（−8.8479）	（−5.8591）	（−3.6945）	（−7.7847）
包含控制变量	是	是	是	是	是	是
个体固定效应	是	是	是	是	是	是
时期固定效应	是	是	是	是	是	是
样本数	6765	6765	6765	4305	4305	4305
R^2	0.3032	0.2131	0.3595	0.4367	0.3002	0.4853

注：括号内汇报了回归系数的 t 值；＊、＊＊和＊＊＊分别表示 10%、5% 和 1% 的显著性水平。
资料来源：笔者根据实证结果统计制表。

从回归结果来看，互联网的发展对中国高差异化制造行业增加值出口的影响更为明显，1% 的显著性水平下，无论是针对制造业增加值总出口还是针对最终价值或中间价值出口，互联网发展的影响均显著为正，中国与伙伴国互联网发展相对水平变量的影响系数分别达到了 0.2058、0.0737 和 0.1321。中国低差异化制造业增加值出口贸易同样也受到了互联网发展的正向作用，针对制造业增加值总出口及中间价值出口，在 1% 的显著性水平下，互联网发展的影响表现明显，但针对低差异化制造行业最终价值出口的回归结果则显示，中国与伙伴国互联网发展水平指标并未通过显著性检验，相对于高差异化制造业，低差异化行业的技术含量低，出口过程中产品替代性较强，主要包含了劳动或资本密集型制造业，而最终价值的出口也表明，行业分工主体主要参与的是价值链下游加工制造等低端环节（尹伟华，2016）。此外，相对于其他行业，一般来说，如果行业自身具备更高的技术水平特征，那么即使是其加工制造环节也会表现得更为高端，分工环节的增加值也更高（洪银兴，2017），但低差异化行业增加值最终价值出口主要涉及的是相对低技术含量制造业的低端环节增加值，其出口活动的复杂性相对低，互联网对其出口扩张虽同样呈现正向影响，但这种影响在短期内因行业自身发展限制而表现得并不明显，因此，中国与伙伴国互联网相对发展水平指标的影响系数显著性也并不高。

进一步观察中国互联网发展水平与各制造行业网络密集度水平差距绝对值变量的回归结果，在针对高差异化制造行业增加值出口的回归中，差距绝对值变量的作用方向与显著性和基准回归结果一致，针对高差异化制造业，中国互联网发展水平与各制造行业网络密集度水平差距越小，越有利于互联网影响的发挥，中国制造业增加值出口的增长也越明显。对比来看，针对低差异化制造行业，中国互联网发展水平与行业网络密集度差距绝对值变量的系数仅在互联网影响制造业增加值中间价值出口的回归中表现为负，并且其负向影响也未通过显著性检验，而针对总体及最终价值的出口，差距绝对值变量则表现出了显著的正向影响。如前所述，低差异化制造业技术含量相对低，出口产品的替代性较强，而互联网的发展不仅会形成贸易促进效应，也会进一步加剧国际市场竞争，正如胡馨月和宋学印（2020）的研究所发现的，互联网的发展会形成一种间接影响，这种影响降低了贸易主体间信息的不对称性，导致出口市场竞争加剧，并进一步缩减出口种类。因此在低差异化制造业尚未实现技术含量与出口产品多样化、差异化水平提升之前，过度依赖互联网发展，或基于互联网来打造行业优势反而会面临更为直接的市场竞争，相反，在当前互联网能够促进行业增加值出口的背景下，行业网络密集度与互联网发展水平差距的存在却可能使得行业在短期内避免更多竞争压力，实现增加值出口的增长。

综上所述，制造行业自身异质性的存在确实使得互联网对中国制造业增加值出口呈现出差异化的影响，同时，中国互联网发展水平与行业网络密集度水平差距的绝对值在互联网发挥影响过程中形成的作用也有明显差别。针对高差异化制造业，互联网对其增加值出口的影响依旧，但针对低差异化制造业，互联网对其增加值最终价值出口的影响有所减弱，同时，中国互联网发展水平与行业网络密集度水平差距的影响也与基准回归结果相反，尤其是针对低差异化制造业增加值总出口及最终价值出口的回归中，这种相反结果表现得更为明显。互联网异质性影响的出现可能和不同差异化行业的技术含量、出口产品的替代性等特征密切相关。

第五节　进一步分析

从上述分析工作来看，经过初步探究，互联网发展对中国制造业增加值出口贸易的直接影响已基本被证实，相对于伙伴国，中国提升互联网发展水平有助于制造业增加值出口规模的进一步扩大，从增加值出口贸易视角来看，发展互联网有助于优化中国制造业全球价值链分工表现。同时，制造行业自身特征的存在对互联网作用的发挥起着显著影响，中国互联网发展水平与各制造行业网络密集度水平差距越小，越有利于互联网作用的发挥，而制造行业差异化特征则使得互联网对中国制造业增加值出口的影响呈现出一定的异质性。不过，从本书前述对现有研究工作的总结以及理论机制分析的结论来看，互联网对增加值出口贸易的影响往往是基于贸易成本削减机制来实现的，发展互联网，继而交易过程中的贸易成本显著下降，一国对伙伴国增加值出口规模才能获得进一步扩张。那么在中国制造业增加值出口贸易发展过程中，互联网的这种作用机制是否显著成立？基于中国数据的实证结果能否再次印证理论分析所得出的相关结论？此外，互联网对增加值出口贸易的促进作用是否止步于此？当前，中国仍旧是一个制造大国，而非绝对的制造强国，中国在伙伴国市场中的增加值出口贸易也并非占据了绝对优势，同时，在本书样本期内，中国制造业增加值出口市场多元化趋势已逐步体现，面对出口市场上固有的竞争压力以及新市场优势竞争的挑战，发展互联网能否进一步为中国制造业参与国际竞争打开新局面，继而为中国制造业价值链分工表现的优化构筑持续而强劲的驱动力？基于上述思考，本书在基准回归的基础上，进一步针对互联网发展的作用机制开展相关分析工作，并从先动优势视角对互联网的促进作用进行拓展探究。

一、互联网发展的作用机制检验

针对互联网发展可能存在的贸易成本削减机制，本书参照刘斌等（2018）在模型中引入交乘项形式论证贸易便利化通过影响中间品价格促进一国出口增加值折返作用机制的思路，将贸易成本变量引入基础模型，开展再次回归，以对互联网发展的作用机制进行检验。针对贸易成本问题，学界很早就在国际贸易问题的研究中进行了大量有益探讨，根据前述有关贸易成本理论研究内容的总结，在经典的国际贸易学说中，国际贸易成本就已受到了广泛关注，而随着贸易统计工作的逐步完善，针对贸易成本的具体测算工作也在研究中获得了有序推进。当前，学界普遍采用的贸易成本测算方法主要是由诺维（Novy，2013）基于改进的引力模型所提出的，诺维（Novy，2013）以学界已有研究成果为基础，在研究中，弥补了传统引力模型缺乏微观基础的缺陷，并进一步解决了实际测算过程中双边贸易成本的对称性问题，使得国际贸易成本间接测算工作获得有效推进。根据诺维（Novy，2013）的研究，本国与伙伴国双边贸易往来过程中，国际贸易活动面临的成本最终可表示为：

$$\tau_{cpk} = \left(\frac{exp_{cck} exp_{ppk}}{exp_{cpk} exp_{pck}} \right)^{\frac{1}{2(\sigma - 1)}} \quad (4-3)$$

其中，c 和 p 依旧表示本国和伙伴国，k 表示具体行业，τ_{cpk} 表示本国与伙伴国 k 行业双边贸易往来过程中所面临的贸易成本，exp_{cck} 和 exp_{ppk} 表示本国和伙伴国 k 行业的国内贸易，而 exp_{cpk} 和 exp_{pck} 则分别代表了 k 行业领域内本国对伙伴国的出口以及伙伴国对本国的出口，σ 表示商品间的替代弹性（$\sigma > 1$）。

在对中国与伙伴国制造业分行业双边贸易成本测算的过程中，中国与伙伴国制造业分行业国内贸易以制造业分行业总产出减去各国制造业分行业总出口计算得出，中国与伙伴国制造业双边贸易数据来源 OECD 的 STAN 数据库（Structural Analysis Databases），中国与伙伴国制造业分行业总产出数据基于 WIOD 公布的国家投入产出表（National Input Output Tables，NIOTS）统计得出。参照冯宗宪等（2017）基于诺维（Novy，2013）研究工作测算贸易成本的做法，商品间替代弹性 σ 设定为 8。

基于上述测算工作，本书将贸易成本变量以交乘项形式纳入回归模型，对互联网影响中国制造业增加值出口贸易的作用机制进行检验。从理论机制分析来看，互联网的发展主要通过降低贸易成本来促进制造业增加值出口，为使互联网发展变量回归系数的作用方向与基准回归结果一致，从而便于比较，实际回归过程中，贸易成本变量以倒数形式纳入模型，并以 $cost$（$cost = 1/\tau$）来表示。互联网发展对中国制造业增加值出口作用机制的检验结果如表 4-6 所示，表中第（1）~（3）列依次汇报了针对中国制造业增加值总出口、最终价值以及中间价值出口的回归结果。

表 4-6   互联网发展的作用机制检验

变量	（1）	（2）	（3）
internet	0.0731 *** (2.9851)	- 0.0003 (- 0.0127)	0.0733 *** (8.8081)
internet × *cost*	0.0648 *** (11.9274)	0.0483 *** (10.5021)	0.0165 *** (8.9379)
|*internet-ini*| × *cost*	- 0.3803 *** (- 10.9672)	- 0.3032 *** (- 10.3320)	- 0.0771 *** (- 6.5379)
常数项	- 0.4669 *** (- 7.9720)	- 0.3087 *** (- 6.2283)	- 0.1582 *** (- 7.9421)
包含控制变量	是	是	是
个体固定效应	是	是	是
时期固定效应	是	是	是
样本数	8942	8942	8942
R^2	0.3621	0.2587	0.3756

注：括号内汇报了回归系数的 t 值；* 、** 和 *** 分别表示 10%、5% 和 1% 的显著性水平。
资料来源：笔者根据实证结果统计制表。

从回归结果来看，互联网相对发展水平提升继而降低贸易成本，促进中国对伙伴国制造业增加值出口的作用机制表现明显。在针对制造业增加值总出出口的回归结果中，中国与伙伴国互联网发展相对水平变量和贸易成本交乘项系数显著为正，1% 的显著性水平下，其影响系数达到了 0.0648。表明相对于贸易伙伴国，中国互联网的发展有助于降低中国与伙伴国的制造业贸易成本，从而实现对制造业增加值出口的促进作用。此外，中国互联网发展水平与制造行业网络密集度水平差距的绝对值和贸易成本交乘项的影响系数达到了 −0.3803，并且，其负向影响在 1% 的显著性水平下表现明显。显然，中国互联网发展水平与制造行业网络密集度水平差距越小，越有助于贸易成本的降低，互联网发展对制造业增加值出口的促进作用越能发挥，中国制造行业价值链分工表现也越优。进一步观察针对制造业增加值最终价值与中间价值出口的回归结果，从结果来看，无论是针对哪一类型的增加值出口，两类交乘项系数的作用方向与显著性依旧和考虑制造业增加值总出口的回归结果一致，互联网发展的作用机制依旧明显。

显然，无论从增加值总出口视角来看，还是针对增加值最终价值和中间价值出口的检验，理论分析中所总结的互联网对制造业增加值出口影响的作用机制显著成立，互联网的发展有助于降低制造业领域内中国与伙伴国之间的贸易成本，从而实现对中国制造业增加值出口的促进作用，并且，制造行业网络密集度在此过程中依旧发挥着显著的影响。

二、基于先动优势视角的再分析

在证实互联网显著作用的同时，还应当注意到，当前中国制造业国际竞争力虽有了大幅提升，但中国仍不是绝对的制造强国，中国面临的国际竞争压力依旧巨大，克服固有市场竞争的挑战，进一步提升制造业增加值贸易优势依旧任重道远。与此同时，在较长一段时间内，中国对外贸易的发展还存在另外一个明显特征，即在参与对外贸易活动的过程中，中国的出口过多集中于发达市场，国际贸易和区域贸易、周边贸易并不协调（罗长远和智艳，2014），这一特征在本书对中国制造业增加值出口贸易的测算结果中也有明显体现，不过近年来，制造业增加值出口市场的多元化趋势已快速形成，中国对一些新兴经济体的制造业增加值出口正逐年提升。但问题是，在固有市场中，中国制造业增加值出口贸易能否进一步扩大优势，而在新兴市场中，中国的制造业又能否争取新的市场优势？面对固有竞争和新挑战，继续挖掘互联网发展的作用，助力中国制造业夺取出口市场更大的优势，为持续优化行业价值链分工表现构筑起强劲动力，显得必要而紧迫。

值得注意的是，针对出口市场优势竞争的问题，罗宾逊和福内尔（Robinson & Fornell，1985）曾在研究中给出了一个明确的观察视角，其研究认为，在某一市场内，率先进入的企业能够有效利用市场资源优先抢占市场份额，并形成规模经济，而后入企业则需要达到与先动企业相同规模的优势才能在市场中获得生存空间，因此在后入企业实现必要的规模优势之前，率先进入市场的企业往往存在先动优势。在关注互联网对中国在各伙伴国市场中制造业增加值出口规模、市场优势影响的同时，有必要基于上述问题，从先动优势视角出发开展进一步分析，以明确互联网的发展除了能促进中国制造业增加值出口以外，是否能够进一步对各市场中的先动优势形成影响，继而保障中国制造业在各伙伴国市场中增加值出口贸易的发展优势。

而事实上，裴长洪和刘斌（2019）在探讨中国对外贸易动能转换问题时就已经对互联网与先动优势问题开展了系列探索，其研究指出，相较于货物贸易，中国服务贸易发展相对滞后，在国际竞争中仍处于弱势地位，而互联网的发展能够进一步培育服务贸易新的增长点，加快服务技术转移，提高后发企业的学习能力，也能通过降低企业面临的不确定性等机制来提升后发企业的追赶能力。本书的研究聚焦制造业参与全球价值链分工问题，虽然，中国制造业国际贸易发展情况与服务贸易存在明显不同，但如上述分析所言，相较于发达经济体和国际公认的制造强国，中国制造业参与国际竞争仍面临巨大挑战，同时，在具体伙伴国市场中，中国制造业也并未占据独有优势，甚至在一些新兴市场中，中国制造业增加值出口份额仍很低。如果互联网的发展有助于解决中国在相关市场中面临的先动优势挑战，则其对中国制造业参与国际竞争同样有显著的现实意义。基于此，在现有分析的基础上，本书从先动优势视角出发，对互联网与中国制造业增加值出口问题开展进一步研究。

　　针对先动优势的衡量与评价，巴斯和考萨（Bas & Causa，2013）曾通过测算某一企业与行业内最高水平的企业劳动生产率差距来评价该企业与行业内技术前沿的接近程度，这一思路被刘斌和顾聪（2019）应用于互联网与国家间价值链梯度关联问题的研究中，从而印证了互联网有利于降低先动优势压力、促进后发优势的效应。本书同样借鉴以上学者的思路，分别计算某一伙伴国市场中，占据最大市场份额的国家制造业增加值出口额与中国对该市场制造业增加值出口额的差值，来衡量该市场中存在的先动优势，并将其作为被解释变量纳入回归模型开展再次回归，回归过程中，本书同时考虑了互联网的贸易成本削减机制。基于先动优势问题的再分析结果汇报至表4-7，表中第（1）~（3）列分别汇报了考虑制造业增加值总出口、最终价值以及中间价值出口贸易先动优势问题的回归结果。

表4-7　　　　　　　　　　　　基于先动优势视角的再分析

变量	（1）	（2）	（3）
internet	0.0275 ** （1.9852）	0.0050 （0.5666）	0.0242 *** （2.9465）
internet × cost	-0.0279 *** （-9.0974）	-0.0094 *** （-4.7771）	-0.0173 *** （-9.4624）
|internet-ini| × cost	0.2042 *** （10.4224）	0.0851 *** （6.8032）	0.0998 *** （8.5661）
常数项	-0.0398 （-1.2026）	-0.0019 （-0.0889）	-0.0421 ** （-2.1402）
包含控制变量	是	是	是
个体固定效应	是	是	是
时期固定效应	是	是	是
样本数	8942	8942	8942
R^2	0.0868	0.0415	0.0829

注：括号内汇报了回归系数的t值；*、** 和 *** 分别表示10%、5%和1%的显著性水平。
资料来源：笔者根据实证结果统计制表。

从回归结果来看，无论是针对制造业增加值总出口，还是针对最终价值或中间价值出口，中国与伙伴国互联网发展相对水平变量和贸易成本交乘项系数显著为负，1% 的显著性水平下，三类回归结果的系数分别达到了 -0.0279、-0.0094 和 -0.0173，表明基于贸易成本削减机制，相对于伙伴国，中国提升互联网发展水平，有助于缩小制造业增加值出口领域内，中国与伙伴国市场中最高份额国家的差距，参与全球价值链分工过程，互联网的发展能够缓解中国制造业在主要市场中面临的先动优势竞争压力，并促进自身后发优势的提升。此外，中国互联网发展水平与制造行业网络密集度水平差距绝对值和贸易成本交乘项的影响系数分别达到了 0.2042、0.0851 和 0.0998，并同样在 1% 的显著性水平下通过了检验，表明中国互联网发展水平与制造行业网络密集度水平差距越小，越有利于互联网贸易成本削减机制的发挥，中国制造业增加值出口过程中面临的先动优势竞争压力越小，制造行业网络密集度依旧在互联网作用形成的过程中发挥着显著影响。

第六节　本章小结

本章结合前期对已有研究工作的总结以及理论分析的结论，以中国与伙伴国相对互联网发展水平、中国互联网发展水平与制造行业网络密集度水平差距绝对值为核心变量，构建计量模型，基于实证分析，就互联网发展对中国制造业增加值出口的影响开展探究，并进一步明确制造行业网络密集度在此过程中所形成的作用。在基准回归的基础上，本书进一步开展稳健性检验及异质性分析，以明确回归结果的稳健性以及互联网对中国制造业所形成的差异化影响。同时，从互联网贸易成本削减机制和先动优势视角出发，对互联网作用机制开展检验，并拓展挖掘了互联网发展对中国制造业可能形成的深层次影响，继而进一步完善了互联网对中国制造业增加值出口影响的分析工作。

通过基准回归，本书证实，发展互联网有助于促进中国制造业增加值出口的增长，而中国互联网发展水平与制造行业网络密集度水平差距越小，越有利于互联网促进作用的发挥，中国制造业增加值出口贸易的扩张也越明显；互联网以及制造行业网络密集度的影响在针对制造业增加值总出口及中间价值出口的回归中表现得更为明显，而在针对最终价值出口的回归中，这一影响同样存在，但显著性并不高。基于替换核心解释变量衡量方法、差异化样本回归结果比较以及考虑内生性问题影响等多种视角的稳健性检验结果表明，本书基准回归得出的结论稳健可靠。而进一步的异质性检验则显示，由于制造行业内部差异化程度差别的存在，互联网对中国制造业增加值出口的影响存在明显的异质性，中国互联网发展水平与制造行业网络密集度水平差距的作用也有显著差别。

进一步的分析表明，在互联网影响制造业增加值出口的过程中，互联网贸易成本削减机制显著成立，发展互联网有助于降低中国与伙伴国在制造业领域的贸易成本，从而促进中国制造业增加值出口增长，而制造行业网络密集度在此过程中的作用也依旧明显。当然，互联网对中国制造业增加值出口的影响并不局限于此，基于先动优势视角的再分析结论证实，互联网的发展在促进制造业增加值出口增长的同时，也能进一步缩小中国与先行出口主体间的差距，缓解中国制造业在主要伙伴国市场中面临的先动优势竞争压力，并促进中国制造业后发优势的提升，为进一步优化中国制造业价值链分工表现构筑持续而强劲的驱动力。

第五章

互联网、行业网络密集度
与中国制造业价值链关联

　　全球价值链分工背景下，增加值出口贸易规模及变化特征往往是分工主体参与价值链分工最为直接的一种表现，而同时，整个分工过程中，积极加强同伙伴国合作的紧密度，提升双边价值链关联水平，也能进一步深化本国或本国产业的全球价值链参与度，并优化自身参与全球价值链分工的表现。正如理论分析的内容所示，一国参与全球价值链分工的表现越优，则其不仅能在分工过程中具备较为明显的增加值出口规模，同时也会与主要伙伴国保持着紧密的双边价值链关联与合作关系。

　　而从本书对已有研究成果的总结来看，发展互联网能够加强本国与伙伴国的双边贸易往来，并为本国强化同伙伴国的价值链关联程度提供驱动力。互联网发展水平提升，继而双边贸易成本下降，两国间双边贸易往来明显增长，而一国行业、企业参与全球价值链的前后向关联程度也将显著增强，贸易双方价值链分工过程中的合作关系获得明显提升。与此同时，本书理论机制分析内容也同样表明，基于贸易成本削减机制，在全球价值链分工模式下，分工主体间的双边价值流动也将进一步频繁，本国与伙伴国的双边价值链关联程度也会更加紧密。可以说，在理论层面，发展互联网同样有助于提升分工主体间的双边价值链关联水平，继而优化经济主体参与全球价值链分工的表现。而具体到制造行业，由于行业自身网络密集度的存在，互联网对一国与伙伴国制造业领域双边价值链关联影响的发挥也会受到明显限制,当互联网发展水平与制造行业自身网络密集度水平存在差距时,互联网对分工过程中价值往来的促进作用将明显受限,双边价值链关联程度的提升也会因此受阻。此外,考虑制造行业的差别特征,互联网的影响是否存在异质性也有待进一步论证。

基于此,结合理论分析的初步结论,本书进一步从实证视角出发,构建计量模型,论证互联网发展对中国与伙伴国制造业双边价值链关联程度的影响,并探究制造行业网络密集度在此过程中所形成的关键作用。在明确互联网重要影响的同时,本书进一步考虑制造业的差别特征,探索互联网对中国与伙伴国双边价值链关联程度的异质性作用。当然,除关注互联网的直接影响外,本书进一步对互联网发挥影响的作用渠道展开探究,在实证分析过程中就理论分析所指出的互联网贸易成本削减机制进行论证。此外,为深化互联网对中国与伙伴国制造业双边价值链关联影响的分析工作,在初步探究基础上,本书进一步开展拓展分析,以借鉴经验数据和实证结论,挖掘互联网发展可能形成的更深层次影响。基于实证分析探索互联网对双边价值链关联程度的影响,不仅有助于进一步印证本书理论分析的相关结论,更能够深化互联网与国际贸易分工、全球价值链分工表现等关系的研究内容。

第一节　计量模型、变量与数据说明

在本章,本书实证分析的初步工作在于探究互联网发展对中国制造业全球价值链关联程度的影响,并进一步明确制造行业网络密集度在互联网发挥影响的过程中所形成的关键作用。根据前述本书对已有研究工作的总结以及理论分析的初步结论,从双边视角出发,明确互联网发展是否有利于中国在制造业领域强化与伙伴国的价值链关联水平,不仅要立足本国互联网发展情况,更需要进一步考虑本国相对于伙伴国的互联网发展水平;与此同时,当制造行业网络密集度水平与一国互联网综合发展水平不匹配时,互联网作用的发挥也会明显受限，关注制造行业网络密集度所形成的影响，需要充分考虑本国互联网发展水平与制造行业网络密集度水平的匹配程度。基于上述思考，参照孙楚仁等（2018）、盛新宇等（2020）的做法，结合本章研究主题，本书构建如下计量模型：

$$link_{cpkt} = \alpha + \beta_1 internet_{cpt} + \beta_2 \left| internetc_{ct} - ini_{kt} \right| + BX + \gamma_i + \eta_t + \varepsilon_{it} \quad (5-1)$$

其中，c、p、k、t 表示中国、伙伴国、具体制造行业以及时期，$link_{cpkt}$ 表示全球价值链分工模式下 t 时期中国与伙伴国在 k 制造行业领域内的双边价值链关联程度，$internet_{cpt}$ 表示 t 时期中国相对于伙伴国的互联网发展水平，$internetc_{ct}$ 则衡量了 t 时期中国自身的互联网发展水平，ini_{kt} 表示 t 时期世界样本范围内制造行业网络密集度，X 代表相关控制变量，α 表示截距项，β_1 和 β_2 为核心解释变量的系数，B 代表控制变量的系数矩阵，r_i 和 η_t 分别表示个体（国家 – 行业）固定效应和时期固定效应，ε_{it} 则表示随机误差项。

实际分析过程中，对制造行业领域内中国与伙伴国双边价值链关联程度（$link$）的衡量参照本书第三章的方法进行，$link$ 的测算结果越大表明中国与伙伴国双边价值链关联程度越高。核心解释变量互联网相对发展水平（$internet$）以中国与伙伴国互联网发展水平之比来衡量，为作区别，中国自身互联网发展水平以 $internetc$ 来表示，中国与伙伴国互联网发展水平的衡量同样参照本书第三章的方法进行。

在本章，本书实证分析工作重点关注核心解释变量系数 β_1 和 β_2 的回归结果，根据模型设定，回归结果中，当 β_1 显著为正时，表明相对于伙伴国，中国的互联网发展水平越高，越有利于中国在制造业领域内加强同伙伴国的双边价值链关联程度，中国制造业全球价值链分工表现也越优；而当 β_2 显著为负时，表明中国互联网发展水平与各制造行业网络密集度水平的差距越小，越有利于互联网促进作用的发挥，制造行业参与全球价值链分工过程中，中国与伙伴国双边价值链合作越紧密，价值链关联程度也越高。

为保证计量结果的稳健性，本书在开展实证分析的过程中同时纳入相关控制变量。本书重点关注互联网发展对中国与伙伴国双边价值链关联的影响，回归过程除纳入中国与伙伴国的市场需求因素外，还进一步考虑了双边行业所面临的相对要素禀赋优势以及双边交易过程中所面临的双向经济环境。市场需求方面，本书在考虑宏观需求的同时进一步关注市场规模及人均需求水平，分别纳入中国人均 GDP（*pergdp_china*）以及伙伴国人均 GDP（*pergdp_partner*）两个方面的控制变量。双边行业相对要素禀赋方面，考虑中国与伙伴国双边价值链关联程度的提升不仅要依靠中国单方面的努力，更需要合作双方制造业共同的价值贡献，因此控制变量需充分体现双边行业要素禀赋的相对情况及优势的相似性，回归过程中分别纳入中国与伙伴国制造业资本存量相似性（*kcp*）以及相关从业人员投入相似性（*empcp*）两个方面的变量。其中，$kcp = abs[(kc/kp) - 1]$，*kc* 表示中国制造业资本存量，*kp* 表示伙伴国制造业资本存量，*kcp* 越小，表示中国与伙伴国面临的资本存量相似性越高；而 $empcp = abs[(empc/empp) - 1]$，*empc* 表示中国制造业从业人员投入量，*empp* 表示伙伴国制造业从业人员投入量，*empcp* 越小，表示中国与伙伴国面临的从业人员投入相似性越高。此外，中国与伙伴国双边交易过程中所面临的双向经济环境因素以经济自由度来衡量（*freedomcp*），同样，考虑双边价值链关联程度的提升需要中国与伙伴国相互对等的开放环境，*freedomcp* 以双边经济自由度相似性来体现，$freedomcp = abs[(freedomc/freedomp) - 1]$，其中 *freedomc* 表示中国的经济自由度水平，*freedomp* 表示伙伴国的经济自由度水平，*freedomcp* 越小，表明中国和伙伴国经济自由度相似性越高。基于此，本书实证模型的最终形式确定为：

$$link_{cpkt} = \alpha + \beta_1 internet_{cpt} + \beta_2 \left| internetc_{ct} - ini_{kt} \right| + \beta_3 gdp\_china_{ct}$$
$$+ \beta_4 gdp\_partner_{pt} + \beta_5 kcp_{cpkt} + \beta_6 empcp_{cpkt}$$
$$+ \beta_7 freedom_{cpt} + \gamma_i + \eta_t + \varepsilon_{it} \qquad\qquad (5-2)$$

实证分析过程中，中国与伙伴国制造业双边价值链关联水平、互联网发展水平以及制造行业网络密集度水平的评价结果数据来自于本书第三章的测算工作；中国与伙伴国人均 GDP 数据（单位：十万美元，2010 年不变价）来自世界银行数据库世界发展指标数据（World Development Indicators，WDI）；中国与伙伴国制造业分行业资本存量、相关从业人员投入量相似性指标基于世界投入产出数据库（World Input-Output Database，WIOD）社会经济账户（Socio Economic Accounts，SEA）公布的数据计算得出；中国与伙伴国经济自由度相似性指标则基于美国传统基金会（The Heritage Foundation）公布的数据计算得出。本章伙伴国样本以及制造行业样本的选择与本书第三章的工作一致，实证分析的样本年限设定为2000~2014年。

第二节　基准回归

基于上述研究设计，在本章，针对互联网发展影响中国与伙伴国制造业双边价值链关联的基准回归结果如表5-1所示。回归过程中，为观察控制变量对回归结果形成的影响，本书将控制变量逐步纳入回归过程，相关回归结果分别汇报至表5-1的第（1）~（3）列部分。其中，第（1）列汇报了未考虑任何控制变量的回归结果，第（2）列了汇报了仅考虑核心解释变量与双边需求因素控制变量的回归结果，第（3）列则汇报了纳入核心解释变量与全部控制变量的回归结果。最终基准回归结果以第（3）列为准。

表5-1　　　　　　　　　基准回归

变量	(1)	(2)	(3)
internet	0.0071 *** (24.9394)	0.0069 *** (23.6634)	0.0069 *** (23.0413)
|internetc-ini|	-0.0060 *** (-6.8104)	-0.0060 *** (-6.8073)	-0.0059 *** (-6.5934)
pergdp_china		0.0207 *** (6.5260)	0.0239 *** (7.1292)
pergdp_partner		0.0044 *** (3.3607)	0.0051 *** (3.7611)
kcp			-0.0002 (-0.4288)

续表

变量	（1）	（2）	（3）
empcp			−0.0147 *** （−3.1659）
freedomcp			−0.0012 ** （−2.0793）
常数项	−0.0026 *** （−8.3421）	−0.0040 *** （−9.3864）	−0.0040 *** （−9.2865）
个体固定效应	是	是	是
时期固定效应	是	是	是
样本数	11045	11045	10921
R^2	0.2901	0.2908	0.2930

注：括号内汇报了回归系数的 t 值；* 、** 和 *** 分别表示 10%、5% 和 1% 的显著性水平。
资料来源：笔者根据实证结果统计制表。

从回归结果来看，在逐步纳入相关控制变量后，核心解释变量回归系数依旧显著，而模型的拟合优度也有了明显提升。进一步观察表中第（3）列所汇报的结果，在全球价值链分工过程中，针对中国与伙伴国在制造业领域的双边价值链关联问题，互联网的发展同样呈现出显著的正向作用，1% 的显著性水平下，相对于伙伴国，中国互联网发展水平每提升 1 个单位，中国与其伙伴国制造业双边价值链关联程度将提升 0.0069 个单位，加快互联网发展，促进中国与伙伴国相对互联网发展水平提升，有助于中国进一步强化与伙伴国制造业双边价值链关联程度，继而优化中国制造业参与全球价值链分工的表现。此外，中国互联网发展水平与制造行业网络密集度水平差距的绝对值变量影响系数在 1% 的显著性水平下达到了 −0.0059，表明制造行业网络密集度在互联网发挥作用的过程中存在显著影响，中国互联网发展水平与制造行业网络密集度水平差距越小，越有助于互联网促进作用的发挥，中国与伙伴国制造业价值链关联程度也越高。显然，从核心解释变量的回归结果来看，本书理论机制分析所得出的初步结论明显成立，发展互联网不仅有助于中国制造业增加值出口的增长，更能进一步助力中国在全球价值链分工过程中，强化与伙伴国的制造业双边价值链关联，而制造行业网络密集度在此过程中依旧发挥着显著影响。

进一步观察控制变量的回归结果，从表 5-1 中所示信息来看，中国与伙伴国双边市场需求的提升有助于增强两国制造业双边价值链关联水平，1% 的显著性水平下，中国与伙伴国人均 GDP 变量的影响系数分别达到了 0.0239 和 0.0051。显然，中国与伙伴国的市场需求规模越大，人均需求水平越高，国家间制造业增加值往来也越频繁，在全球价值链分工模式下，产业间的价值链关联程度也必然越强。此外，在双边制造行业要素禀赋影响方面，中国与伙伴国制造业资本存量以及从业人员投入量相似性越高，即 kcp 和 empcp 测算结果越小，越有助于中国与伙伴国制造业双边价值链关联水平的提升，回归结果显示，两个变量的影响系数分别达到了 -0.0002 和 -0.0147，但从显著性检验结果来看，从业人员投入量相似性变量的影响表现得更为明显。最后，中国与伙伴国间的经济环境也发挥着显著作用，从回归结果来看，中国与伙伴国双边经济自由度相似性越高，即 freedomcp 测算结果越小，同样也更有利于中国与伙伴国制造业双边价值链关联水平的提升，5% 的显著性水平下，变量的影响系数达到 -0.0012，在全球价值链分工过程中，中国与伙伴国共同努力，创造高度自由、相互对等的经济环境，那么在制造业领域，两国的双边价值往来也会越频繁，双边价值链关联程度必然也更高。

第三节　稳健性检验

为进一步检验实证结果的稳健性，针对本章基准回归结果，本书开展相关稳健性检验工作。首先，通过替换核心解释变量的衡量方法来对模型进行重新回归，并与基准回归结果开展比较，从而观察实证结果的稳健性；其次，为确定本章基准回归结果并非某一样本下的偶然现象，本书在基准回归的基础上进一步匹配出差异化样本开展检验；最后，本书考虑回归过程中可能存在的内生性问题，并针对内生性问题开展相关分析，从而再次判断回归结果的稳健性。

一、考虑不同互联网发展水平衡量方法的稳健性检验

为明确互联网发展对中国与伙伴国制造业双边价值链关联的影响是否会因为本书互联网发展水平衡量方法选择的不同而产生差异，本书再次以瑞士苏黎世联邦理工学院经济研究所公布的各国信息全球化指数来对样本国家互联网发展水平以及制造行业的网络密集度水平进行重新衡量，并纳入基准模型开展再次回归。考虑不同互联网发展水平衡量方法的稳健性检验如表 5 – 2 所示，表中第（1）列汇报了仅考虑核心解释变量的回归结果，第（2）列则汇报了考虑核心解释变量和全部控制变量的回归结果。

表 5 – 2　　　　考虑不同互联网发展水平衡量方法的稳健性检验

变量	(1)	(2)
internet	0.0061 *** (9.5021)	0.0061 *** (9.3522)
|*internetc-ini*|	– 0.0115 *** (– 7.0163)	– 0.0115 *** (– 7.0109)
常数项	0.0007 (1.1112)	– 0.0021 *** (– 2.8792)
包含控制变量	否	是
个体固定效应	是	是
时期固定效应	是	是
样本数	11045	10921
R^2	0.2541	0.2631

注：括号内汇报了回归系数的 t 值；* 、** 和 *** 分别表示 10% 、5% 和 1% 的显著性水平。
资料来源：笔者根据实证结果统计制表。

瑞士苏黎世联邦理工学院经济研究所公布的各国信息全球化指数聚焦互联网专利技术、信息通信自由等问题，专门选取互联网专利、高技术出口、互联网带宽、互联网接入、媒体自由等多个方面的指标开展综合测评，形成了针对信息化发展的综合评价结果。这一评价工作与本书从经济视角所开展的综合测评工作稍有不同，但其测算结果从另一个观察视角为本书提供了客观评价各国互联网发展水平的依据，基于不同观察视角对互联网发展水平进行综合测评，有利于更为全面、客观地把握各国互联网发展的典型事实，也有助于本书避免因测评指标选择偏差或疏漏而导致的回归结果偏误。

从回归结果来看，同基准回归相比，模型主要变量的作用方向与显著性均未发生明显变化，核心解释变量的回归结果表明，提升互联网发展的相对水平有助于加强中国与伙伴国的制造业双边价值链关联程度，而中国自身互联网发展水平与制造行业网络密集度水平差距的降低也有助于互联网促进作用的发挥，继而优化中国制造业价值链分工表现。显然，基于不同互联网发展水平衡量方法的检验结果证实，基准回归结果相对稳健可靠。

二、差异化样本下的实证结果比较与稳健性检验

为进一步判断本章回归结果是否是某一样本下的偶然现象，基于本章分析工作所选择的样本，在本节，本书进一步匹配出二十国集团（G20）、经济合作与发展组织（OECD）以及欧洲联盟（EU）三个世界公认的经济组织成员国作为新样本开展再次回归，差异化样本下的实证结果如表5-3所示。

表5-3 差异化样本下的实证结果与稳健性检验

变量	G20	OECD	EU
internet	0.0039 *** (6.9627)	0.0082 *** (20.2428)	0.0084 *** (24.5818)
|*internetc-ini*|	-0.0075 *** (-4.3116)	-0.0079 *** (-6.9874)	-0.0057 *** (-5.9562)

续表

变量	G20	OECD	EU
常数项	−0.0065 *** （−7.8031）	−0.0037 *** （−5.8022）	−0.0055 *** （−11.2329）
包含控制变量	是	是	是
个体固定效应	是	是	是
时期固定效应	是	是	是
样本数	3960	8041	7501
R^2	0.2918	0.3139	0.3495

注：括号内汇报了回归系数的 t 值；＊、＊＊ 和 ＊＊＊ 分别表示 10%、5% 和 1% 的显著性水平。
资料来源：笔者根据实证结果统计制表。

从回归结果来看，与本书基准回归结果相比，除个别变量的显著性稍有变化外，模型主要变量的作用方向和显著性均未发生明显变化。核心解释变量互联网发展水平对中国与伙伴国制造业双边价值链关联程度依旧表现出显著的正向作用，而中国互联网发展水平与制造行业网络密集度水平差距的缩小，也同样有利于互联网促进作用的发挥，继而助力中国与伙伴国制造业价值链关联程度的提升。显然，本书基准回归结果并非某一特定样本下得出的偶然结论，基准回归结果相对稳健可靠。

三、考虑内生性问题的稳健性检验

在考虑互联网发展对中国与伙伴国制造业双边价值链关联影响的分析中，基准回归结果稳健的前提是互联网对价值链关联程度存在单向影响。而伴随着双边关联程度的加深，全球价值链分工模式下，中国与伙伴国制造业双边价值往来将进一步频繁，双边合作也将更为紧密，此时，两国开展价值链分工与合作又会对双边交流效率、互联网发展等提出更高要求，继而会倒逼各分工主体进一步完善互联网建设工作，提升互联网发展水平，这种可能存在的双向影响会导致内生性问题的存在。

基于此，一方面，本书以中国和伙伴国互联网发展的相对水平以及中国互联网发展水平与制造行业网络密集度差距绝对值变量的滞后 1 期作为核心解释变量的工具变量，并针对基准回归模型，首先直接替换原有核心解释变量，开展重新回归，相关回归结果汇报至表 5 - 4 滞后期变量直接回归模块；其次，基于工具变量两阶段最小二乘法（IV-2SLS）对模型进行再次检验，回归结果汇报至表 5 - 4 工具变量法（IV1）模块。另一方面，参照黄群慧等（2019）的做法及纳恩和钱（Nunn & Qian，2014）工具变量的构造思路，以各国 1984 年每百人固定电话订阅量作为互联网发展水平的工具变量，同时引入随时间变化的变量即各国电信及计算机信息服务业产出占比，通过交互项形式构造互联网发展水平的面板工具变量，采用 IV-2SLS 方法开展检验。工具变量数据同样基于世界银行数据库 WDI 指标数据以及 WIOD 公布的 SEA 数据统计获得，检验结果如表 5 - 4 工具变量法（IV2）模块所示。表 5 - 4 中两大模块的第（1）列和第（2）列分别汇报了仅考虑核心解释变量的回归结果以及考虑核心解释变量与全部控制变量的回归结果。

表 5 - 4　　　　　　　　　考虑内生性问题的稳健性检验

变量	滞后期变量直接回归		工具变量法（IV1）		工具变量法（IV2）	
	(1)	(2)	(1)	(2)	(1)	(2)
$internet$	0. 0068 *** (22. 2176)	0. 0068 *** (22. 2176)	0. 0077 *** (10. 0183)	0. 0072 *** (9. 3927)	0. 0155 *** (4. 0056)	0. 0151 *** (4. 2314)
$\lvert internetc\text{-}ini \rvert$	- 0. 0092 *** (- 10. 5424)	- 0. 0092 *** (- 10. 5424)	- 0. 0139 *** (- 5. 8054)	- 0. 0137 *** (- 5. 6696)	- 0. 0373 *** (- 7. 9503)	- 0. 0378 *** (- 7. 9164)
常数项	- 0. 0006 * (- 1. 7564)	- 0. 0006 * (- 1. 7564)	0. 0030 *** (3. 3923)	- 0. 0138 *** (- 3. 4520)	0. 0011 (0. 3404)	0. 0044 *** (2. 8827)
包含控制变量	否	否	否	是	否	是
个体固定效应	是	是	是	是	是	是
时期固定效应	是	是	是	是	是	是
Kleibergen-Paap rk LM 统计量	—	—	1670. 026 [0. 0000]	1660. 853 [0. 0000]	141. 329 [0. 0000]	145. 942 [0. 0000]

续表

变量	滞后期变量直接回归		工具变量法（IV1）		工具变量法（IV2）	
	（1）	（2）	（1）	（2）	（1）	（2）
Kleibergen-Paap rk Wald F 统计量	—	—	2225.659 〔7.03〕	2200.501 〔7.03〕	423.714 〔7.03〕	468.498 〔7.03〕
样本数	10317	10317	10317	10201	10776	10652
R^2	0.2713	0.2713	0.6568	0.6595	0.6304	0.6332

注：括号内汇报了回归系数的 t 值（或 z 值）；*、** 和 *** 分别表示 10%、5% 和 1% 的显著性水平；〔〕内汇报了相应统计量的 P 值，｛｝内汇报了 Stock-Yogo 检验在 10% 水平上的临界值。

资料来源：笔者根据实证结果统计制表。

从表 5-4 中所示信息来看，基于滞后期变量直接回归的检验结果表明，除个别变量与基准回归结果存在差异外，模型主要变量的回归结果与基准回归基本一致，核心解释变量互联网发展水平依旧发挥着显著作用，在伙伴国互联网发展水平一定的情况下，提升中国互联网发展水平，有助于强化中国与伙伴国在制造业领域的双边价值链关联；而中国与制造业行业网络密集度差距的缩小仍有助于提升中国制造业价值链关联水平继而优化中国制造业价值链分工表现，互联网的正向作用也体现得更为明显。进一步地，基于工具变量法的再检验结果也表明，回归所采用的工具变量基本拒绝了识别不足的原假设且不存在弱工具变量问题，而核心解释变量互联网发展水平的影响依旧显著为正，制造行业网络密集度在此过程中也仍旧发挥着显著的作用，中国互联网发展水平与制造行业网络密集度水平差距的缩小仍有助于互联网作用的发挥。显然，本书基准回归结果稳健可靠。

第四节　异质性检验

除关注互联网发展对中国与伙伴国制造业双边价值链关联的直接影响外，制造行业自身差别特征是否引致互联网影响的异质性也有待进一步论证，同时，行业网络密集度在此过程中是否会形成差别作用也需进一步明确。而针对制造行业自身差别特征的探索，如前所述，劳赫（Rauch，1999）的研究工作为此提供了明确的理论借鉴，在其研究中，根据产品自身的差别，贸易产品往往可以被划分至具备不同程度差异化特征的类别中，贸易产品同质性、异质性或低差异化、高差异化产品分类体系开始形成，这种分类体系已被应用于中国制造业产品出口贸易问题的分析工作中，使得针对制造行业自身差别特征的分析内容进一步丰富（李小平等，2015）。而现有的进一步研究也指出，在这一分类体系下，高差异化特征行业贸易产品的技术含量往往更高，产品间的替代弹性也更小（吴小康，2015）。此外，对比已有的制造业差异化分类体系（王厚双和盛新宇，2019），这一分类体系下制造行业高低差异化特征差别与行业要素密集特征差异也存在明显的一致性，其中低差异化行业类别往往包含了所有劳动和资本密集型特征的制造业，而高差异化行业类别则包含了所有知识密集型特征的制造业，相较于其他针对行业差异化特征的观察视角，这一分类体系所蕴含的行业特征信息更为丰富。

基于此，参照劳赫（Rauch，1999）在研究中提出的分类体系及李小平等（2015）在研究中对这一分类体系的相关应用，基于本章分析的行业样本，本书依据行业宽松区标准，将参与全球价值链分工的制造业划分为低差异化行业（其中包含 C10 ~ C12、C13 ~ C15、C16、C17、C18、C19、C22、C23、C24、C25、C31 ~ C32 共十一个行业）和高差异化行业（其中包含 C20、C21、C26、C27、C28、C29、C30 共七个行业）两个类别，并在基准回归的基础上开展进一步分析。基于本书制造行业异质性分类，互联网对中国制造业价值链关联影响的异质性检验结果如表 5-5 所示，回归过程中，为进一步观察控制变量对实证分析所产生的影响，表中不同模块异质性检验结果的第（1）列均汇报了仅考虑核心解释变量的回归结果，第（2）列则汇报了考虑核心解释变量以及全部控制变量后的回归结果。

表 5 – 5 异质性检验

变量	低差异化行业		高差异化行业	
	（1）	（2）	（1）	（2）
internet	0.0033 *** （11.9130）	0.0030 *** （10.4787）	0.0132 *** （23.1491）	0.0128 *** （21.5967）
| *internetc-ini* |	− 0.0037 *** （− 3.7468）	− 0.0035 *** （− 3.4609）	− 0.0001 （− 0.0209）	− 0.0001 （− 0.0416）
常数项	− 0.0002 （− 0.5011）	− 0.0017 *** （− 4.0126）	− 0.0084 *** （− 11.1897）	− 0.0098 *** （− 9.8770）
包含控制变量	否	是	否	是
个体固定效应	是	是	是	是
时期固定效应	是	是	是	是
样本数	6743	6681	4302	4240
R^2	0.2751	0.2793	0.3561	0.3599

注：括号内汇报了回归系数的 t 值；＊、＊＊和＊＊＊分别表示 10%、5% 和 1% 的显著性水平。
资料来源：笔者根据实证结果统计制表。

从回归结果来看，纳入控制变量后，模型的拟合优度明显提升，而进一步对比两类行业的回归结果，针对中国与伙伴国制造业双边价值链关联问题，互联网对差异化的两类制造行业价值链关联程度均表现出了明显的促进作用，1% 的显著性水平下，无论是针对低差异化制造行业，还是针对高差异化制造行业，中国与伙伴国相对互联网发展水平的提升均有助于强化中国与伙伴国的双边价值关联程度，显然，制造行业自身差别的特征并未引致互联网影响的异质性。

中国互联网发展水平与制造行业网络密集度水平差距绝对值变量的系数在针对两类行业价值链关联程度的回归过程中均表现为负，但比较来看，针对低差异化行业，差距绝对值变量的负向影响更为显著，回归系数均通过了 1% 的显著性水平检验，中国互联网发展水平与制造行业网络密集度水平差距越小，越有利于互联网作用的发挥，低差异化制造业领域内，中国与伙伴国的双边价值链关联程度也越高。而针对高差异化行业，差距绝对值变量的影响则并不明显，正如差异化特征分类体系蕴含的行业信息所示，高差异化制造业产品技术含量相对高，多数行业具备知识密集型特征，出口产品的多样化、差异化特征也更为明显，而本书前述现状分析内容也表明，样本期内，互联网发展对这些具备知识密集型特征的行业赋予的优势程度已较早地体现出来，在样本早期，行业的网络密集度水平已处于领先位置，因此，在互联网对其双边价值链关联水平影响的过程中，本国互联网发展水平与行业网络密集度差距的边际影响已大大降低，影响的显著性或重要性相对减弱，但这种影响依旧存在，水平差距的缩小仍旧有利于互联网促进作用的发挥。

第五节　进一步分析

基于上述分析工作，针对中国与伙伴国制造业双边价值链关联问题，互联网发展的直接作用已基本被证实，提升互联网相对发展水平有助于中国强化与伙伴国的双边价值关联程度，而制造行业网络密集度在互联网发挥影响的过程中同样也起着显著作用，中国互联网发展水平与制造行业网络密集度水平差距越小，互联网的正向作用越能够发挥，中国与伙伴国的制造业双边价值链关联程度也越强。此外，考虑制造行业自身的异质性，互联网的发展虽未对制造行业的双边价值链关联程度形成差异化影响，但由于行业的差别特征，制造行业网络密集度所形成的作用存在明显不同，中国互联网发展水平与制造行业网络密集度水平差距的减小有助于促进中国与伙伴国低差异化类别制造业的双边价值链关联程度提升，但针对高差异化类别的制造业，这种影响虽然存在，但显著性并不高。不过，基于本书对已有研究成果的总结以及理论分析的相关内容，互联网对制造业双边价值链关联的影响同样也可能是通过贸易成本削减机制来实现的，互联网发展水平提升，继而双边贸易成本下降，全球价值链分工过程中分工主体间的价值往来进一步频繁，双边价值链关联程度也将明显提升。那么，针对制造业领域，中国与伙伴国的双边价值链关联问题，这种作用机制是否显著成立也有待进一步验证。当然，从本书第四章的分析内容来看，互联网发展所产生的影响远不止于此，针对中国制造业增加值出口贸易，互联网不仅能够显著促进其增加值出口规模的提升，更能够进一步缩小中国与先行出口主体间的差距，缓解中国面临的先动优势竞争压力，那么，在考虑双边价值链关联问题时，互联网发展的这种潜在影响是否也能为中国与伙伴国制造业双边价值链关联提供进一步的驱动力？基于上述思考，本书在基准回归的基础上，进一步针对互联网发展的作用机制开展相关检验，并从梯度关联视角对互联网发展所形成的影响进行拓展探究。

一、互联网发展的作用机制检验

为证实互联网影响中国与伙伴国制造业双边价值链关联过程中贸易成本削减机制的存在，本书首先参照诺维（Novy，2013）提出的双边贸易成本测度方法以及冯宗宪等（2017）对这一方法的实际应用思路，来测算中国与伙伴国间制造业分行业双边贸易成本：

$$\tau_{cpk} = \left(\frac{exp_{cck}exp_{ppk}}{exp_{cpk}exp_{pck}} \right)^{\frac{1}{2(\sigma-1)}} \qquad (5-3)$$

其中，c 和 p 表示中国和伙伴国，k 表示具体制造行业，τ_{cpk} 表示中国与伙伴国 k 制造行业双边贸易往来过程中所面临的贸易成本，exp_{cck} 和 exp_{ppk} 表示中国和伙伴国 k 制造行业的国内贸易，而 exp_{cpk} 和 exp_{pck} 则分别代表了 k 制造行业领域内，中国对伙伴国的出口以及伙伴国对中国的出口，σ 表示商品间的替代弹性（$\sigma>1$）。

实际测算过程中，中国与伙伴国制造业分行业国内贸易以制造业分行业总产出减去各国制造业分行业总出口计算得出，中国与伙伴国制造业双边贸易数据来自 OECD 的 STAN 数据库（Structural Analysis Databases），中国与伙伴国制造业分行业总产出数据基于 WIOD 公布的国家投入产出表（National Input Output Tables，NIOTS）统计得出。参照冯宗宪等（2017）的做法，商

品间替代弹性 σ 设定为8。

基于公式（5-3）的测算工作，本书参照刘斌等（2018）在模型中引入交乘项形式论证贸易便利化通过影响中间品价格促进一国出口增加值折返作用机制的思路，将贸易成本变量引入基础模型，开展再次回归，以对互联网的作用机制进行检验。实际分析过程中，为使互联网发展变量回归系数的作用方向与基准回归结果一致，从而便于比较，贸易成本变量以倒数形式纳入回归模型，并将其表示为 $cost(cost = 1/\tau)$。互联网作用机制检验结果如表5-6所示，表中第（1）列汇报了仅考虑核心解释变量的回归结果，第（2）列则汇报了考虑核心解释变量和全部控制变量的结果，回归结果以第（2）列为准。

表5-6   互联网发展的作用机制检验

变量	（1）	（2）
internet	0. 0061 *** (18. 6620)	0. 0055 *** (15. 9300)
internet × *cost*	0. 0010 *** (13. 3251)	0. 0010 *** (13. 2891)
| *internetc-ini* | × *cost*	− 0. 0047 *** (− 9. 9676)	− 0. 0048 *** (− 10. 0523)
常数项	− 0. 0026 *** (− 9. 1883)	− 0. 0047 *** (− 11. 0225)
包含控制变量	否	是
个体固定效应	是	是
时期固定效应	是	是
样本数	8921	8920
R^2	0. 3037	0. 3077

注：括号内汇报了回归系数的 t 值；*、** 和 *** 分别表示10%、5%和1%的显著性水平。
资料来源：笔者根据实证结果统计制表。

从回归结果来看，在互联网影响中国与伙伴国制造业双边价值链关联的过程中，互联网的贸易成本削减机制依旧显著成立，互联网相对发展水平指标与贸易成本交乘项的系数在 1% 的显著性水平下达到了 0.0010，这表明，互联网发展通过降低贸易成本来保障中国强化与伙伴国在制造业领域的双边价值链关联。中国互联网发展水平与制造行业网络密集度水平差距绝对值和贸易成本交乘项的影响系数则在 1% 的显著性水平下达到了 −0.0048，在互联网影响制造业价值链关联的过程中，中国互联网发展水平与制造行业网络密集度水平差距的减小有助于互联网贸易成本削减机制的发挥，继而提升中国与伙伴国制造业双边价值链关联水平。显然，与理论机制分析一致，互联网的发展有助于降低对外贸易成本，并促进中国与伙伴国制造业双边价值往来的进一步频繁，使得中国与伙伴国制造业双边价值链关联水平明显提升，而这一过程中，制造行业网络密集度依旧发挥着显著作用。

二、基于梯度关联视角的再分析

从双边价值链关联的内涵来看，中国与伙伴国在制造业全球价值链分工过程中关联程度的提升主要是因为其双边价值往来的进一步频繁以及双边合作紧密度的增强，而如果某一伙伴国市场内，其余分工主体存在先动优势（Robinson & Fornell，1985），率先与伙伴国保持较大规模的增加值往来，则中国与该伙伴国合作的过程中会面临其余先行主体的竞争压力，这种竞争压力往往表现为制造业全球价值链的关联梯度（刘斌和顾聪，2019），即中国与伙伴国价值链关联水平同其他分工主体与伙伴国价值链关联水平的差距。此外，与直接的增加值贸易不同，在复杂的全球价值链分工体系下，参与分工合作的企业往往会面临较高的搜寻和匹配等成本，合作企业间会存在路径依赖以及协作惯性等问题（刘斌和顾聪，2019），这种情况下，中国制造业在某一市场中所面临的竞争压力将会进一步增强，制造业价值链梯度关联现象也将愈发明显。

而从本书对现有研究成果的总结以及理论机制分析的结论来看，互联网的发展有助于削减当前全球价值链分工过程中所面临的国际贸易成本，并且其发挥作用的主要着力点正是在于降低信息匹配成本、搜寻成本，提升信息交流效率等。因此，在互联网促进中国制造业双边价值链关联过程中，其很有可能进一步缩小中国在某一伙伴国市场内面临的制造业全球价值链关联梯度，继而保障中国制造业在主要伙伴国市场中的合作优势。

基于此，本书参照巴斯和考萨（Bas & Causa，2013）的思路，以及刘斌和顾聪（2019）的做法，以伙伴国市场中，各分工主体与该伙伴国在制造业领域内双边价值链最高关联水平和中国与该伙伴国制造业双边价值链关联水平之差来衡量中国所面临的制造行业全球价值链关联梯度，并将其纳入计量模型作为被解释变量，对模型进行重新回归。基于梯度关联视角的拓展分析结果如表 5-7 所示，表中直接作用模块汇报了未考虑互联网成本削减机制的回归结果，渠道作用模块则汇报了考虑互联网成本削减机制的回归结果。两大模块结果中，第（1）列均为仅纳入核心解释变量后的结果，第（2）列均为纳入核心解释变量和全部控制变量后的结果。

表 5-7 基于梯度关联视角的再分析

变量	直接作用		渠道作用	
	（1）	（2）	（1）	（2）
internet	−0.0135 *** （−8.6513）	−0.0129 *** （−8.1429）	−0.0063 *** （−3.6067）	−0.0066 *** （−3.6476）
|*internetc-ini*|	0.0239 *** （4.9641）	0.0253 *** （5.3220）		
internet × *cost*			−0.0042 *** （−10.5688）	−0.0042 *** （−10.5895）
|*internetc-ini*| × *cost*			0.0275 *** （10.9691）	0.0276 *** （10.9782）
常数项	0.0339 *** （20.1551）	0.0318 *** （13.7408）	0.0307 *** （20.2518）	0.0286 *** （12.7226）
包含控制变量	否	是	否	是
个体固定效应	是	是	是	是

续表

变量	直接作用		渠道作用	
	（1）	（2）	（1）	（2）
时期固定效应	是	是	是	是
样本数	11070	10945	8942	8941
R^2	0.0276	0.0296	0.0387	0.0394

注：括号内汇报了回归系数的 t 值；*、** 和 *** 分别表示 10%、5% 和 1% 的显著性水平。
资料来源：笔者根据实证结果统计制表。

回归结果显示，互联网的发展有助于降低中国制造业在伙伴国市场中面临的关联梯度。从互联网直接作用的回归结果来看，互联网发展水平变量的影响系数在 1% 的显著性水平下达到了 −0.0129，这表明，提升互联网相对发展水平有助于进一步加强中国与伙伴国制造业双边价值链关联程度，并减小中国在该伙伴国市场内面临的梯度关联压力。与此同时，制造行业网络密集度也在此过程中发挥着显著影响，中国互联网发展水平与制造行业网络密集度水平差距越小，越有助于互联网作用的发挥，行业面临的关联梯度也能明显下降。进一步从针对渠道作用的回归结果来看，互联网发展的贸易成本削减机制在互联网降低中国制造业面临的梯度关联压力过程中依旧显著存在，即互联网的发展有助于降低包含信息成本、搜寻成本等在内的国际贸易成本，继而进一步缩小中国制造行业在某一伙伴国市场内所面临的全球价值链关联梯度，保障中国制造业在主要伙伴国市场中的合作优势。

第六节 本章小结

本章基于前期对已有研究工作的总结和理论分析的结论，构建计量模型，从实证视角就互联网发展对中国与伙伴国制造业双边价值链关联的影响开展分析，同时进一步探究制造行业网络密集度在此过程中所形成的作用。在基准回归的基础上，本书进一步开展稳健性检验以及异质性分析，以明确本章回归结果的稳健性以及互联网发展可能形成的差异化影响。同时，为明确互联网发挥影响的作用渠道，并深化探究互联网可能形成的深层次影响，本书进一步进行作用机制检验，并从梯度关联视角开展拓展分析。

通过基准回归，本书证实，互联网的发展有助于中国强化与伙伴国在制造业领域的双边价值链关联程度，而在此过程中，中国互联网发展水平与制造行业网络密集度水平差距的缩小有助于互联网作用的发挥。多种视角下的稳健性检验结果表明，本书的实证结果稳健可靠。此外，异质性分析结果显示，制造行业自身差别特征并未引致互联网影响的异质性，但行业网络密集度在此过程中的作用却有明显不同，中国互联网发展水平与制造行业网络密集度水平差距的减小有助于促进中国与伙伴国低差异化类别制造业的双边价值链关联程度提升，但针对高差异化类别的制造业，这种影响虽然存在，但显著性并不高。

进一步的分析表明，互联网影响中国与伙伴国制造业双边价值链关联的过程中，其贸易成本削减机制显著存在。当然，互联网的影响并不止步于此，基于梯度关联视角的拓展分析结论证实，发展互联网有助于降低中国制造业在伙伴国市场中面临的价值链梯度关联压力，并且制造行业网络密集度在此过程中同样发挥着显著影响。另外，互联网发展的贸易成本削减机制也在拓展分析过程中再一次获得证实。

第六章

互联网、行业网络密集度
与中国制造业分工地位

　　本书前述理论分析曾指出，如果某一行业参与全球价值链分工的表现越优，则其在分工过程中将具备较为明显的增加值出口规模，其分工主体也将与主要伙伴国市场保持较为紧密的双边价值链关联与合作关系，并且能争取到较高的分工地位。而在针对价值链分工表现的具体评价过程中，聚焦增加值出口规模能够较为直接地评价行业参与国际分工的真实利得，聚焦双边价值链关联水平则能有效地观察分工主体与伙伴国市场的合作关系。对比来看，明确一国行业所争取到的分工地位，则能更为直接地把握当前行业参与全球价值链分工的基本态势，继而有针对性地评价其参与全球价值链分工的基本表现，可以说，分工地位同样是评价价值链分工表现的有效工具和重要指标，并且，相对来说，基于分工地位指数开展相关评价工作的方法更为直接、更具针对性。

　　进一步来看，基于本书对已有研究工作的总结以及理论分析的相关结论，在全球价值链分工模式下，互联网的发展不仅有助于促进行业增加值出口的增长以及本国与伙伴国双边价值链关联程度的提升，更能够在增加值出口规模扩大以及分工主体合作关系加强的前提下，继续实现对全球价值链分工地位的显著影响，这种影响主要体现为发展互联网有利于提升行业价值链分工地位，并为行业优化价值链分工表现提供持续而强劲的驱动力。不同的是，互联网的这种促进作用间接性更为明显，其对价值链分工地位影响形成的关键渠道在于能够进一步推动一国行业增加值出口的增长并强化分工主体的合作关系，也就是说，相较于行业增加值出口规模以及双边价值链关联程度，针对价值链分工地位，互联网的发展依旧能够产生显著的正向作用，但其作用发挥的关键渠道或机制将会存在明显差别。

为能够全面评价互联网对中国制造业价值链分工的影响，科学判断发展互联网能否成为中国制造业优化价值链分工表现的动力机制，基于上述思考，本书在前述研究工作的基础上，继续就互联网与中国制造业价值链分工地位问题开展探究。根据理论分析的结论，本书首先建立计量模型，通过实证分析来证实互联网对中国制造业价值链分工地位的直接影响，并同样明确行业网络密集度在此过程中所形成的作用以及互联网发展的异质性影响问题，以对理论分析的结论做出初步判断；在此基础上，本书开展进一步分析，重点对互联网影响价值链分工地位的作用机制做出检验，以进一步证实本书理论分析内容的判断，并为互联网发展影响中国制造业价值链分工地位的事实提供一个基本的实证解释。

第一节　计量模型、变量与数据说明

从本书对已有研究工作的总结以及理论机制分析的结论来看，互联网的发展确实能够对一国行业的价值链分工地位产生显著影响，为进一步从实证视角论证这一结论，尤其针对互联网影响中国制造业价值链分工地位问题开展专门分析，在本节，本书构建计量模型，并针对上述问题进行实证检验。本书实证分析的首要工作在于明确互联网对中国制造业价值链分工地位的直接影响，并探究制造行业网络密集度在此过程中是否依旧存在显著的作用。与本书前述实证分析工作一致，在针对价值链地位问题的研究中，本书同样从双边视角出发，分析工作不仅关注中国自身的互联网发展情况，更充分考虑中国与伙伴国互联网相对发展水平。而在关注制造行业网络密集度影响的过程中，本书同样充分考虑中国互联网发展水平与制造行业网络密集度水平的匹配问题。基于此，参照孙楚仁等（2018）、盛新宇等（2020）的做法，结合本章研究主题，本书计量模型设定如下：

$$position_{cpkt} = \alpha + \beta_1 internet_{cpt} + \beta_2 \left| internetc_{ct} - ini_{kt} \right| + BX + \gamma_i + \eta_t + \varepsilon_{it}$$

$$(6-1)$$

其中，c、p、k、t 分别表示中国、伙伴国、制造行业以及时期，$position_{cpkt}$ 表示 t 时期中国 k 制造行业在伙伴国 p 国市场中所获得的具体价值链分工地位，$internet_{cpt}$ 表示 t 时期中国相对于伙伴国的互联网发展水平，$internetc_{ct}$ 则衡量了 t 时期中国自身的互联网发展水平，ini_{kt} 表示世界样本范围内制造行业网络密集度，X 代表相关控制变量，α 表示截距项，β_1 和 β_2 为核心解释变量的系数，B 代表控制变量的系数矩阵，r_i 和 η_t 分别表示个体（国家－行业）固定效应和时期固定效应，ε_{it} 则表示随机误差项。

被解释变量中国制造业价值链分工地位 $position$、核心解释变量互联网发展水平 $internet$ 以及制造行业网络密集度 ini 的衡量方法与本书第三章的测算工作一致。其中，$position$ 又由 $dvaintrate$ 和 $gvcposition$ 两个方面的指标进行衡量，以充分考虑 t 时期中国 k 行业在伙伴国 p 国市场中的增加值中间价值相对出口率以及中间价值提供量和国外价值使用量的对比情况。互联网相对发展水平变量（$internet$）以中国互联网发展水平与伙伴国互联网发展水平之比来衡量，为作区别，中国自身互联网发展水平以 $internetc$ 来表示。

实证分析过程中，本书重点关注核心解释变量系数 β_1 和 β_2 的回归结果。从计量模型的设定形式来看，在回归结果中，若 β_1 显著为正，则说明互联网的发展对中国制造业价值链分工地位的提升有显著的正向影响，相对于伙伴国市场，中国互联网发展水平越高，中国制造业在伙伴国市场中获得的价值链分工地位也越高；而若 β_2 显著为负，则说明制造行业网络密集度在互联网发挥作用的过程中同样存在显著影响，中国互联网发展水平与制造行业网络密集度水平差距越小，越有助于互联网作用的发挥，中国制造业分工地位越高，参与全球价值链分工的表现也更优。

同样，为保障实证结果的稳健性，在回归过程中，本书同时纳入了相关

控制变量。本章实证工作从双边视角出发，就中国制造业在伙伴国市场中的
价值链分工地位问题开展重点分析，因此回归过程首先纳入行业发展变量。
一方面，考虑制造行业自身发展水平，纳入制造业分行业增加值率（manu-
facture_china）作为控制变量，从而明确中国制造业在参与分工时自身所具备
的竞争实力；另一方面，关注中国制造业与伙伴国制造业发展差距（manu-
facture_gap）在互联网作用过程中所形成的具体影响，通过测算中国与伙伴国
制造业分行业增加值率的差距值绝对值来对此进行评估，$manufacture\_gap = abs$
（$manufacture\_china\text{-}manufacture\_partner$），其中，$manufacture\_partner$ 表示伙
伴国制造行业增加值率。

　　除此之外，本书还考虑了与制造业分工地位相关的其他宏观经济因素。
由于实证分析工作聚焦中国制造业在伙伴国市场中的具体表现，因此，回归
过程中，本书重点考虑了伙伴国市场需求水平所带来的影响，并以伙伴国
GDP 发展水平进行衡量（gdp_partner）；同时，在增加值出口过程中，贸易
过程所面临的经济环境往往会对出口行为产生较为明显的影响，而增加值尤
其是中间价值的出口决定了中国在伙伴国市场中的具体分工表现，因此，本
书进一步纳入经济自由度发展水平作为控制变量（freedomcp），考虑经济自由
度发挥作用需要贸易双方的共同推进，因此，freedomcp 以中国和伙伴国经济
自由度评价结果之比来衡量。基于此，本书实证模型的最终形式确定为：

$$position_{cpkt} = \alpha + \beta_1 internet_{cpt} + \beta_2 \left| internetc_{ct} - ini_{kt} \right|$$
$$+ \beta_3 manufacture\_china_{ckt} + \beta_4 manufacture\_gap_{cpkt}$$
$$+ \beta_5 gdp\_partner_{pt} + \beta_6 freedomcp_{cpt} + \gamma_i + \eta_t + \varepsilon_{it} \qquad (6-2)$$

　　回归过程中，价值链分工地位评价结果、互联网发展水平评价结果以及
制造行业网络密集度水平评价结果数据均来自本书第三章的测算工作，伙伴
国以及制造行业样本的选择也与第三章的工作一致。中国与伙伴国制造行业
增加值率基于 WIOD 数据库公布的国家投入产出表（National Input-Output Ta-
bles, NIOTs）数据测算得出；伙伴国 GDP 数据（万亿美元，2010 年不变价）
来源于世界银行数据库 WDI 指标数据；中国与伙伴国经济自由度指数评价结
果基于美国传统基金会（The Heritage Foundation）公布的数据统计所得。囿于

增加值出口数据范围，本节实证分析的样本年限设定为 2000～2014 年。

第二节 基 准 回 归

基于上述研究设计，本章针对互联网影响中国制造业价值链分工地位的准回归结果如表 6-1 所示。回归过程中，针对制造业价值链分工地位的不同衡量方法，本书分别将其测算结果纳入回归模型，相关回归结果汇报至表中对应模块。同时，为进一步观察控制变量带来的影响，本书分别进行了仅针对核心解释变量的回归以及针对核心解释变量及全部控制变量的回归工作，对应的回归结果分别汇报至表中两大模块的第（1）列和第（2）列，最终结果以第（2）列为准。

表 6-1　　　　　　　　　　　基准回归

变量	*dvaintrate*		*gvcposition*	
	（1）	（2）	（1）	（2）
internet	0.0715 (1.2324)	0.1410 ** (2.3938)	0.0024 *** (7.7662)	0.0019 *** (6.1023)
| *internetc-ini* |	-1.2642 *** (-7.0665)	-1.3252 *** (-7.3702)	-0.0021 ** (-2.2170)	-0.0026 *** (-2.7592)
manufacture_china		1.1327 *** (4.2773)		0.0075 *** (5.5847)
manufacture_gap		0.2524 *** (2.6951)		0.0017 *** (3.6052)
gdp_partner		-0.1413 *** (-7.4961)		0.0013 *** (13.1651)
freedomcp		-0.1441 (-1.4027)		0.0005 (1.0180)

续表

变量	dvaintrate		gvcposition	
	(1)	(2)	(1)	(2)
常数项	1. 2004 *** (19. 2236)	1. 0995 *** (8. 5022)	− 0. 0016 *** (− 4. 9846)	− 0. 0051 *** (− 7. 6682)
个体固定效应	是	是	是	是
时期固定效应	是	是	是	是
样本数	11033	10924	11070	10960
R^2	0. 0217	0. 0300	0. 0386	0. 0602

注：括号内汇报了回归系数的 t 值；＊、＊＊和＊＊＊分别表示 10%、5% 和 1% 的显著性水平。
资料来源：笔者根据实证结果统计制表。

从表 6 −1 中结果来看，针对中国制造业在伙伴国市场中的分工地位，互联网发展的正向影响同样表现得十分明显，无论是针对 dvaintrate 评价结果还是针对 gvcposition 评价结果，互联网相对发展水平变量的系数均显著为正，5% 的显著性水平下，针对 dvaintrate 评价结果的回归，互联网变量的影响系数达到了 0. 1410，1% 的显著性水平，针对 gvcposition 评价结果的回归，互联网变量的影响系数达到了 0. 0019。显然，在全球价值链分工模式下，相对于伙伴国，进一步提升中国互联网发展水平，有助于中国在伙伴国市场中争取更高的价值链分工地位，继而助力价值链分工表现的优化。而在互联网发挥影响的过程中，制造行业网络密集度水平同样发挥着显著的作用，根据表中信息，在针对两类价值链指标评价结果的回归过程中，中国互联网发展水平与制造行业网络密集度水平差距绝对值变量的影响系数在 1% 的显著性水平下分别达到了 −1. 3252 和 −0. 0026，这表明，在全球价值链分工背景下，中国互联网发展水平与制造行业网络密集度水平的差距越小，越有助于互联网正向影响的发挥，中国制造业在伙伴国市场中的价值链分工地位越高，参与全球价值链分工的表现也越优。

进一步观察控制变量的回归结果。从行业发展变量的回归系数来看，中国制造业自身发展水平越强，越有助于其价值链分工地位的提升，1% 的显著性水平下，针对 *dvaintrate* 评价结果和针对 *gvcposition* 评价结果的回归中，中国制造行业增加值率变量的影响系数分别达到了 1.1327 和 0.0075。而中国与伙伴国制造业发展水平差距对中国制造业价值链分工地位也同样呈现出了显著的促进作用，从回归结果来看，变量的影响系数在 1% 的显著性水平下分别达到了 0.2524 和 0.0017。在本章，中国与伙伴国制造业发展差距变量通过中国与伙伴国制造业分行业增加值率差额的绝对值来衡量，当中国制造业自身竞争实力高于伙伴国时，相对于伙伴国，中国制造业增值能力、生产率水平更高（王厚双和盛新宇，2019），在分工过程中，更可能处于相对高端的地位（洪银兴，2017），也能为伙伴国提供更多的中间价值，对应地，其价值链分工地位评价结果也更高；而当中国制造业自身竞争实力弱于伙伴国时，嵌入相对高水平的价值链环流中，有助于该行业技术水平的提高，继而实现价值链分工地位的相对提升（洪俊杰和商辉，2019）。因此，中国与伙伴国制造业发展水平差距的存在同样有助于提升中国的价值链分工地位。

此外，伙伴国市场需求变量的系数在针对两类价值链分工地位指标评价结果的回归中呈现出了截然相反的情况，针对 *dvaintrate* 的评价结果，在 1% 的显著性水平下，其影响系数达到了 −0.1413，而针对 *gvcposition* 评价结果的回归，其影响系数则在 1% 的显著性水平下达到了 0.0013。中国制造业价值链分工地位的衡量主要从增加值中间价值相对出口率以及中间价值提供量和国外价值使用量的对比情况这两个视角来开展评价，而从本书前述现状分析的内容来看，当前，中国对伙伴国制造业增加值出口中，最终价值出口依旧占据了绝对份额，而中间价值出口占比虽有所提升，但其所占份额依旧较小，因此伙伴国市场需求的扩张虽能显著促进中国制造业增加值的出口，但短期内最终价值出口仍为主导，而中间价值的相对出口率反而没有明显增长；相比较而言，以中间价值提供量和国外价值使用量的对比情况来衡量中国价值链分工地位时，即使在中间价值出口占据较低份额的情况下，中间价值出口规模的增长也会显著改变其与国外价值使用量的对比情况，继而使得价值链分工地位的评价结果有所提升。比较来看，中国与伙伴国经济自由度相对发展水平的影响并不明显，在针对两种全球价值链分工地位评价结果的回归中，变量的影响系数均未通过显著性检验。

第三节　稳健性检验

为进一步检验回归结果的稳健性，针对本章基准回归，在充分考虑实证分析过程中可能存在的问题后，本书依次采用替换核心解释变量衡量方法后再回归、差异化样本下的实证结果比较与检验以及考虑内生性问题的再检验等方法，对回归结果开展稳健性检验工作。

一、考虑不同互联网发展水平衡量方法的稳健性检验

为了明确互联网发展对中国制造业价值链分工地位的影响是否会因为本书互联网发展水平衡量方法选择的不同而产生差异，本书以瑞士苏黎世联邦理工学院经济研究所公布的各国信息全球化指数来对样本国家互联网发展水平开展重新衡量，并以信息化指数评价数据替换本书的互联网发展水平评价结果，纳入本章计量模型开展再次回归。信息全球化指数聚焦各国互联网专利技术、信息通信自由等与信息化发展密切相关的问题，评价工作的展开与本书从经济视角所开展的综合测评稍有不同，但指数结果从另一个观察视角为本书提供了客观评价各国互联网发展水平的依据。基于不同观察视角对中国与伙伴国互联网发展水平进行综合测评，有利于更为全面、客观地把握各国互联网发展的典型事实，也有助于本书避免因测评指标选择偏差或疏漏而导致的回归结果偏误。

考虑不同互联网发展水平衡量方法的稳健性检验结果如表 6-2 所示，参照基准回归的基本思路，在稳健性检验过程中，本书同样针对 *dvaintrate* 以及 *gvcposition* 指标的全球价值链分工地位评价结果开展回归，并同时考虑控制变量对回归结果所形成的影响，两类回归的稳健性检验结果分别汇报至表中对应模块，各模块中第（1）列汇报了仅考虑核心解释变量的回归结果，第

（2）列则汇报了考虑核心解释变量和全部控制变量的回归结果。基于本节回归结果与基准回归结果的比较，本书对基准回归结果的稳健性开展检验。

表 6 - 2　　　　　考虑不同互联网发展水平衡量方法的稳健性检验

变量	*dvaintrate*		*gvcposition*	
	（1）	（2）	（1）	（2）
internet	1. 3216 *** （10. 4470）	1. 2356 *** （9. 2838）	0. 0043 *** （6. 3555）	0. 0073 *** （10. 7165）
| *internetc-ini* |	－ 0. 7640 ** （ － 2. 3726）	－ 0. 8870 *** （ － 2. 7414）	－ 0. 0006 （ － 0. 3549）	－ 0. 0006 （ － 0. 3881）
常数项	0. 2650 ** （2. 2412）	0. 4079 ** （2. 5294）	－ 0. 0029 *** （ － 4. 6487）	－ 0. 0086 *** （ － 10. 3600）
包含控制变量	否	是	否	是
个体固定效应	是	是	是	是
时期固定效应	是	是	是	是
样本数	11033	10924	11070	10960
R^2	0. 0276	0. 0332	0. 0363	0. 0665

注：括号内汇报了回归系数的 t 值；* 、** 和 *** 分别表示10% 、5% 和1% 的显著性水平。
资料来源：笔者根据实证结果统计制表。

从回归结果来看，与基准回归相比，除个别变量外，模型主要变量的作用方向和显著性均未发生明显变化。无论是针对 *dvaintrate* 指标还是针对 *gvcposition* 指标评价结果的回归，核心解释变量互联网发展水平依旧发挥着显著的促进作用，互联网相对发展水平的提升有助于提高中国制造业在伙伴国市场中的价值链分工地位；而中国互联网发展水平与制造行业网络密集度水平差距变量的影响系数依旧显著为负，制造行业网络密集度在互联网发挥作用的过程中仍旧呈现显著影响，中国互联网发展水平与制造行业网络密集度水平差距越小，互联网的正向影响越明显，中国制造业全球价值链分工地位也越高。显然，从检验结果来看，本章互联网对中国制造业价值链分工地位影响的基准回归结果相对稳健可靠。

二、差异化样本下的实证结果比较与稳健性检验

进一步地，为判断本章基准回归结果是否为某一特定样本下的特殊现象，本书继续基于差异化样本进行再回归，并通过实证结果的比较判断基准回归结果的稳健性。基于本章回归的伙伴国样本，本书共筛选出二十国集团（G20）、经济合作与发展组织（OECD）以及欧洲联盟（EU）三个世界公认的经济组织成员国作为新样本，同时延续基准回归思路，分别针对 *dvaintrate* 和 *gvcposition* 两个指标的价值链地位评价结果开展回归，基于差异化样本的再回归结果如表 6 – 3 所示，表中两类回归的结果分别在对应模块予以呈现。

表 6 – 3 差异化样本下的实证结果与稳健性检验

变量	G20		OECD		EU	
	dvaintrate	*gvcposition*	*dvaintrate*	*gvcposition*	*dvaintrate*	*gvcposition*
internet	0. 3265 *** (4. 2705)	0. 0021 *** (3. 1094)	0. 1610 ** (2. 2117)	0. 0021 *** (5. 1988)	0. 0350 (0. 4382)	0. 0014 *** (6. 4956)
| *internetc-ini* |	− 1. 3379 *** (− 5. 2318)	− 0. 0048 ** (− 2. 0859)	− 1. 1879 *** (− 5. 9007)	− 0. 0025 ** (− 2. 2379)	− 1. 3238 *** (− 5. 9488)	− 0. 0014 ** (− 2. 4006)
常数项	0. 5773 *** (3. 0599)	− 0. 0155 *** (− 9. 0942)	0. 9717 *** (5. 7446)	− 0. 0083 *** (− 8. 8507)	1. 3390 *** (8. 1025)	− 0. 0012 *** (− 2. 7266)
包含控制变量	是	是	是	是	是	是
个体固定效应	是	是	是	是	是	是
时期固定效应	是	是	是	是	是	是
样本数	3960	3960	8043	8070	7504	7540
R^2	0. 0258	0. 1235	0. 0330	0. 1127	0. 0482	0. 0317

注：括号内汇报了回归系数的 t 值；*、** 和 *** 分别表示 10%、5% 和 1% 的显著性水平。
资料来源：笔者根据实证结果统计制表。

从回归结果来看，除个别变量的影响系数因样本变化而与基准回归结果有所不同外，总体上，主要变量的作用方向与显著性同基准回归结果保持一致。无论是针对 *dvaintrate* 还是 *gvcposition* 评价结果的回归，互联网发展水平的影响依旧显著为正，而中国互联网发展水平与制造行业网络密集度差距绝对值变量的影响依旧显著为负，发展互联网有助于提升中国制造业价值链分工地位的结论依旧显著成立，而行业网络密集度在互联网发挥作用的过程中仍旧存在显著影响。显然，从差异化样本再回归结果的比较情况来看，基准回归结果稳健可靠。

三、考虑内生性问题的稳健性检验

再次针对计量回归中可能出现的内生性问题开展稳健性检验。在实证分析过程中，本章基准回归结果稳健的前提是核心解释变量互联网发展水平对被解释变量中国制造业价值链分工地位存在单向影响，但进一步来看，在中国制造业价值链分工地位提升后，中国将为伙伴国市场提供更多的中间使用价值，制造业参与全球价值链分工的活跃程度也会明显提升，增加值出口规模再次扩张，价值链分工过程将会对信息交流效率、互联网发展水平等提出更高的要求，继而倒逼国内再次提升互联网发展水平，完善制造业参与价值链分工的设施、服务保障。上述可能存在的双向影响会导致内生性问题的存在。

基于此，本书参照学界相关做法构造工具变量，并基于工具变量两阶段最小二乘法（IV-2SLS）对模型进行再次检验。一方面，本书以核心解释变量的滞后 1 期为工具变量，滞后期内生解释变量与原核心解释变量本身存在相关性，但同时又是前定变量，与当期扰动项不相关。另一方面，参照黄群慧等（2019）、纳恩和钱（Nunn & Qian，2014）工具变量的构造思路，以各国1984 年每百人固定电话订阅量作为互联网发展水平的工具变量，同时引入随时间变化的变量即各国电信及计算机信息服务业产出占比，通过交互项形式构造互联网发展水平的面板工具变量。相关数据基于世界银行数据库 WDI 指标数据以及 WIOD 公布的 SEA 数据统计获得。

在上述工具变量构造工作基础上，考虑内生性问题的稳健性检验结果如表 6-4 所示。检验过程中，本书首先将滞后期工具变量直接替换原有核心解释变量开展回归，针对 *dvaintrate* 和 *gvcposition* 两类指标的回归结果汇报至表中滞后期变量直接回归模块；其次，基于 IV-2SLS 开展再次检验，针对两类指标的回归结果汇报至表中工具变量法（IV1）模块；最后，采用以历史数据构造的工具变量开展 IV-2SLS 回归的结果汇报至表 6-4 中的工具变量法（IV2）模块。

表6-4　　　　　　　　　考虑内生性问题的稳健性检验

变量	滞后期变量直接回归		工具变量法（IV1）		工具变量法（IV2）	
	dvaintrate	*gvcposition*	*dvaintrate*	*gvcposition*	*dvaintrate*	*gvcposition*
internet	0.1806 *** (2.9515)	0.0025 *** (7.8688)	0.2016 (1.6212)	0.0028 *** (3.9845)	0.9236 * (1.7945)	0.0004 (0.2633)
｜*internetc-ini*｜	−2.3709 *** (−13.6741)	−0.0034 *** (−3.7475)	−3.6875 *** (−7.2135)	−0.0052 (−1.6381)	−7.0599 *** (−8.0612)	−0.0116 ** (−2.1102)
常数项	1.3428 *** (9.7664)	−0.0058 *** (−8.0632)	1.5347 *** (6.9541)	−0.0076 *** (−5.0220)	1.7791 *** (4.0569)	−0.0034 * (−1.7138)
包含控制变量	是	是	是	是	是	是
个体固定效应	是	是	是	是	是	是
时期固定效应	是	是	是	是	是	是
Kleibergen-Paap rk LM 统计量	—	—	1601.014 [0.0000]	1616.828 [0.0000]	146.811 [0.0000]	146.728 [0.0000]
Kleibergen-Paap rk Wald F 统计量	—	—	2109.198 ｛7.03｝	2152.037 ｛7.03｝	491.565 ｛7.03｝	492.582 ｛7.03｝
样本数	10209	10229	10209	10229	10656	10690
R^2	0.0431	0.0799	0.2165	0.4910	0.1823	0.4820

注：括号内汇报了回归系数的t值（或z值）；*、** 和 *** 分别表示10%、5%和1%的显著性水平；[]内汇报了相应统计量的 P 值，｛｝内汇报了 Stock-Yogo 检验在 10% 水平上的临界值。
资料来源：笔者根据实证结果统计制表。

从表6－4中结果来看，无论是滞后期变量直接回归还是工具变量法下的回归结果，除个别变量的显著性稍有变化外，总体上，主要变量的作用方向和显著性依旧与基准回归结果一致，发展互联网有助于提升中国制造业价值链分工地位的结论依旧显著成立，而行业网络密集度在互联网发挥作用的过程中依旧有显著影响。此外，工具变量法回归过程中所采用的工具变量也基本拒绝了识别不足的原假设且不存在弱工具变量问题。显然，基于内生性问题的再检验结果同样证实，本章的基准回归结果相对稳健可靠。

第四节　异质性检验

在明确互联网对中国制造业价值链分工地位影响的同时，本书同样基于制造业自身差异特征来判断互联网影响的异质性问题，以进一步深化互联网发展与中国制造业价值链分工地位问题的研究工作。根据已有研究，参与国际分工过程中，制造业贸易产品往往会形成同质性、异质性或低差异化、高差异化的特征差异（Rauch，1999；李小平等，2015），而具备不同程度特征差异的行业，其产品的技术含量、替代弹性等也会存在明显差别，一般来说，高差异化特征行业贸易产品的技术含量往往更高，产品间的替代弹性更小（吴小康，2015）。当然，如果进一步对比劳赫（Rauch，1999）、李小平等（2015）的分类方法以及王厚双和盛新宇（2019）的分类体系，制造行业高低差异化特征分类与行业要素密集特征也存在明显的一致性，其中低差异化行业包含了所有劳动密集型和资本密集型特征的制造行业，而高差异化行业则包含了所有知识密集型特征的制造业。基于高低差异化产品分类体系对样本进行异质性区分，既考虑了行业技术含量、产品替代弹性等问题，同时也进一步纳入了行业要素密集度等共性特征。

基于上述思考，参照劳赫（Rauch，1999）、李小平等（2015）在研究中所采用的制造业分类体系，基于本章分析的制造行业样本，本书依据行业宽松区标准，将参与全球价值链分工的制造业划分为低差异化行业（其中包含

C10 ~ C12、C13 ~ C15、C16、C17、C18、C19、C22、C23、C24、C25、C31 ~
C32 共十一个行业）和高差异化行业（其中包含 C20、C21、C26、C27、
C28、C29、C30 共七个行业）两个类别，并开展进一步回归。异质性检验结
果如表 6 – 5 所示，其中针对 *dvaintrate* 以及 *gvcposition* 两个指标的检验结果分
别汇报至表 6 – 5 中的对应模块。

表 6 – 5 异质性检验

变量	低差异化行业		高差异化行业	
	dvaintrate	*gvcposition*	*dvaintrate*	*gvcposition*
internet	0.2643 *** (4.2856)	0.0016 *** (3.9178)	− 0.0450 (− 0.4006)	0.0023 *** (4.9164)
| *internetc-ini* |	0.4219 * (1.9292)	− 0.0038 *** (− 2.7018)	− 2.3843 *** (− 4.7869)	− 0.0029 (− 1.3790)
常数项	1.1568 *** (8.5931)	− 0.0039 *** (− 4.4825)	− 0.4139 (− 1.4064)	− 0.0064 *** (− 5.2379)
包含控制变量	是	是	是	是
个体固定效应	是	是	是	是
时期固定效应	是	是	是	是
样本数	6683	6715	4241	4245
R^2	0.0223	0.0370	0.1106	0.1196

注：括号内汇报了回归系数的 t 值；＊、＊＊和＊＊＊分别表示 10%、5%和 1%的显著性水平。
资料来源：笔者根据实证结果统计制表。

从回归结果来看，由于制造行业自身的异质性，互联网对中国制造业价
值链分工地位的影响存在一定的差别。从针对 *dvaintrate* 指标评价结果的回归
来看，互联网对中国制造业价值链分工地位的促进作用更多地体现在低差异
化行业领域内，1%的显著性水平下，互联网发展水平变量的影响系数达到了
0.2643，而对比来看，针对高差异化制造行业全球价值链分工地位，互联网
的影响则并不显著。相对来说，在针对 *gvcposition* 指标评价结果的回归中，

互联网发展对两类制造行业的价值链分工地位均表现出了明显的促进作用，1%的显著性水平下，针对两类行业的回归，中国与伙伴国互联网相对发展水平变量的影响系数分别达到了 0.0016 和 0.0023。

在互联网发挥异质性影响的过程中，制造行业网络密集度所形成的作用也有明显不同。在低差异化制造行业样本的回归结果中，针对 *gvcposition* 指标评价结果的回归，变量的影响系数显著为负，而针对 *dvaintrate* 指标，回归结果则显示，中国互联网发展水平与制造业行业网络密集度水平差距绝对值变量呈现出明显的正向影响，10% 的显著性水平，变量系数达到了 0.4219。相对而言，在高差异化制造行业样本的回归结果中，中国互联网发展水平与制造业行业网络密集度水平差距绝对值的影响均表现为负，但针对 *dvaintrate* 指标，这种影响的显著性表现得更为突出。

综上所述，制造行业自身特征差异所引致的互联网以及行业网络密集度的异质性影响主要体现在针对 *dvaintrate* 指标评价结果的回归过程中，即当以制造业增加值中间价值出口率来衡量中国制造业价值链分工地位时，行业自身特征差异的影响将表现得更为明显。一方面，针对高差异化制造业价值链分工地位，互联网发展的影响不再显著，这一结果的出现可能与互联网对中国制造业增加值出口贸易的异质性影响存在密切关联。本书第四章的异质性检验曾指出，就高差异化制造业来说，互联网的发展对行业增加值总出口、最终价值或中间价值出口均存在明显的促进作用，而低差异行业领域内，互联网对制造业最终价值出口的影响相对不显著，在本章研究中，当以中间价值出口率来评价全球价值链分工地位时，高差异化行业领域内，如果在互联网的影响下，增加值总出口以及最终价值和中间价值出口规模均获得明显提升，那么行业中间价值的出口率也很难获得明显增长，甚至，在最终价值出口规模增长占优的情况下，中间价值的出口率反而有所下降，继而互联网对价值链分工地位影响的减弱也就不难理解。另一方面，针对低差异化制造业价值链分工地位，中国互联网发展水平与制造行业网络密集度水平差距的扩大反而会促进互联网影响的发挥，继而提升行业价值链分工地位，这一结果的出现很可能与低差异化制造业的特征有关。相对来说，低差异化行业技术含量低、产品替代弹性较高,而互联网的发展不仅能促进贸易的增长,也会对交易过程形成一定的间接影响,这种影响主要表现为互联网发展降低了贸易主体间信息的不对称性,并致使出口市场竞争的加剧(胡馨月和宋学印,2020),继而,在低差异化制造业尚未实现技术含量与出口产品多样化、差异化水平提升之前,过度依赖互联网的发展反而会使其自身面临更为直接的市场竞争,行业的价值链分工地位提升压力也会进一步增大,互联网的正向影响难以凸显,此时,行业网络密集度与互联网发展水平差距的存在则可能使得低差异化制造业在短期内避免更多的竞争压力,保障行业的价值链分工地位,因此,在低差异化制造业领域内,中国互联网发展水平与制造业行业网络密集度水平差距绝对值变量系数显著为正也就不难理解。

第五节　作用机制检验

基于上述分析工作,互联网发展对中国制造业价值链分工地位的直接影响已基本被证实,无论是针对制造业增加值中间价值相对出口率还是针对中间价值提供量与国外价值使用量对比情况视角的价值链分工地位评价结果,本章的实证分析均表明,发展互联网有助于中国制造业提升全球价值链分工地位,而在互联网发挥影响的过程中,制造行业网络密集度的作用同样明显,中国互联网发展水平与制造行业网络密集度水平差距越小,越有助于互联网正向影响的发挥,中国制造业在伙伴国市场中的价值链分工地位也越高。此外,由于制造行业自身差异化特征的存在,互联网以及行业网络密集度的影响也会呈现出一定的异质性。不过,从本书前述对现有研究工作的总结以及理论机制分析的结论来看,互联网对行业价值链分工地位的影响也同样需要通过某种作用渠道来实现,并且相对于互联网对制造业增加值出口以及双边价值链关联程度的影响,互联网对行业价值链分工地位所呈现出的作用更为间接,把握互联网对制造业全球价值链分工地位影响的作用机制,有助于为本章的初步结论提供更为明确的解释,也能使得本章的分析工作进一步深入。

而从本书理论机制的分析内容来看，在全球价值链分工模式下，互联网的发展首先会形成贸易成本削减机制，并促进一国行业增加值出口的增长以及价值链关联程度的提升，在此前提下，伴随着国内增加值出口的增长以及与伙伴国关联合作程度的加强，本国为伙伴国提供的中间使用价值也会明显增加，在伙伴国市场中，本国行业的中间价值出口优势以及与伙伴国的关联优势也会进一步加强，而相应的根据价值链分工地位评价体系，本国行业的价值链分工地位也会有所提升。

基于上述分析，在证实发展互联网有利于促进中国制造业增加值出口以及价值链关联的前提下，本书进一步从制造业增加值中间价值出口优势以及价值链关联优势两个视角出发，结合理论机制分析的初步结论，对互联网影响中国制造业价值链分工地位的作用机制进行检验。分析过程中，参照第四章基于先动优势视角的分析思路，本书以伙伴国市场中，占据最大市场份额的国家制造业增加值中间价值出口额与中国对该市场中间价值出口额的差值来评估中国制造业中间价值出口优势，差距值越小，中国在伙伴国市场中面临的先动优势竞争压力也越小，中国的市场实力则愈发提升；同时，参照第五章基于梯度关联视角的分析思路，本书以伙伴国市场中，各分工主体与该伙伴国在制造业领域内双边价值链最高关联水平和中国与该伙伴国制造业双边价值链关联水平之差来衡量中国所面临的制造行业全球价值链关联梯度，同样，差距值越小，中国在伙伴国市场中面临的关联梯度也越小，中国与伙伴国的价值链关联优势进一步加强。在此基础上，本书分别将中国制造业增加值中间价值出口优势以及价值链关联优势变量纳入回归模型，以开展互联网作用机制的检验工作。

回归过程中，为保证互联网作用方向与基准回归结果一致，从而便于比较，本书对渠道变量的形式加以调整，以制造业中间价值出口差距值以及关联程度差距值的倒数来分别构建市场优势变量，其中，中国制造业在伙伴国市场中的中间价值出口优势以 dva 表示，$dva = 1/dva\_intgap$，dva_intgap 即为中间价值出口的差距值；中国与伙伴国的关联优势以 $link$ 表示，$link = 1/link\text{-}gap$，$linkgap$ 即为关联程度差距值。参照刘斌等（2018）在模型中引入交乘项形式论证贸易便利化对增加值出口贸易作用机制的思路，本书将市场优势变量以交乘项形式纳入回归模型开展检验，基于以上研究设计，互联网发展对中国制造业价值链分工地位影响的作用机制检验结果如表6-6所示，回归过程中，本书同时针对 *dvaintrate* 和 *gvcposition* 两个价值链评价指标的测算结果开展分析，相关结果汇报至表6-6中的对应模块。

表6-6　　　　　　　　　　作用机制检验

变量	中间价值出口优势渠道		双边价值链关联优势渠道	
	dvaintrate	*gvcposition*	*dvaintrate*	*gvcposition*
internet	0.1831 *** (2.8736)	0.0009 *** (3.3320)	0.1317 ** (2.1064)	0.0012 *** (3.9386)
internet × dva	0.1121 *** (5.4802)	0.0002 ** (2.0696)	—	—
|*internetc-ini*| × *dva*	-1.3732 *** (-6.8716)	-0.0023 *** (-2.7528)	—	—
internet × link	—	—	-0.0948 (-0.7560)	-0.0021 *** (-3.4595)
|*internetc-ini*| × *link*	—	—	-0.7223 (-0.6171)	0.0119 ** (2.0763)
常数项	0.7605 *** (5.8101)	-0.0014 ** (-2.4019)	0.8555 *** (6.6649)	-0.0052 *** (-8.2584)
包含控制变量	是	是	是	是
个体固定效应	是	是	是	是
时期固定效应	是	是	是	是
样本数	9925	9961	10622	10657
R^2	0.0298	0.0333	0.0247	0.0582

注：括号内汇报了回归系数的 t 值；*、** 和 *** 分别表示10%、5%和1%的显著性水平。
资料来源：笔者根据实证结果统计制表。

从回归结果来看，发展互联网能够进一步提升中国制造业在伙伴国市场中的中间价值出口优势，继而提升制造行业的全球价值链分工地位。针对 *dvaintrate* 评价结果的回归显示，互联网与中间价值出口优势交乘项变量的系数在 1% 的显著性水平下达到了 0.1121，而针对 *gvcposition* 评价结果的回归中，交乘项变量的影响系数在 5% 的显著性水平下达到了 0.0002，显然，互联网相对发展水平的提升强化了中国制造业在伙伴国市场中的中间价值出口优势，继而中国制造业价值链分工地位进一步提高，互联网基于中间价值出口优势渠道对中国制造业价值链分工地位形成正向影响的作用机制显著成立。而在此过程中，制造行业网络密集度的影响同样明显，在针对两类价值链分工地位指标评价结果的回归中，中国互联网发展水平与制造行业网络密集度水平差距绝对值同中间价值出口优势的交乘项变量影响系数在 1% 的显著性水平下均表现为负，显然，中国互联网发展水平与制造行业网络密集度水平差距越小，越有助于互联网强化中国制造业中间价值出口优势，继而优化行业的价值链分工表现。

进一步观察基于双边价值链关联优势渠道的作用机制检验结果，从表 6 - 6 中所示信息来看，互联网的发展未能通过强化中国制造业价值链关联优势来促进行业价值链分工地位的提升，互联网相对发展水平与价值链关联优势交乘项变量的作用方向与预期相反，针对 *dvaintrate* 评价结果的回归中，变量的显著性也未通过检验。显然，针对中国制造业价值链分工地位，样本期内，双边价值链关联优势的提升尚不是互联网发挥作用的关键渠道，互联网发展主要通过扩大中国制造业增加值中间价值出口优势，进一步提升中国为伙伴国提供的中间价值使用量来实现对中国制造业全球价值链分工地位攀升的驱动作用。

第六节　本章小结

本章基于前述对已有研究工作的总结以及理论机制的分析内容，构建计量模型，从实证视角就互联网对中国制造业全球价值链分工地位的影响开展分析，并进一步探究行业网络密集度在此过程中所形成的作用。在基准回归的基础上，本书针对回归结果开展稳健性检验，并基于制造行业自身的差异特征开展异质性分析，从而明确本章回归结果的稳健性以及互联网发展可能形成的差异化影响。同时，为进一步阐明本章研究的初步结论，明确互联网发挥影响的作用渠道，本书从制造业增加值中间价值出口优势以及价值链关联优势两个视角出发，结合理论机制分析的初步结论，对互联网影响中国制造业价值链分工地位的作用机制进行检验。

通过基准回归，本章分析工作证实，互联网的发展有助于提升中国制造业价值链分工地位，而中国互联网发展水平与制造行业网络密集度水平差距越小，中国制造业在伙伴国市场中的价值链分工地位也越高。这一结论在基于替换核心解释变量衡量方法、差异化样本回归结果比较以及考虑内生性问题影响等多种视角下的稳健性检验中被证实稳健可靠。而进一步的异质性分析结论表明，由于制造行业自身差异特征的存在，互联网对制造业价值链分工地位的影响存在一定程度的异质性，尤其是针对以中间价值相对出口率为评价标准的价值链分工地位回归结果中，互联网发展的异质性影响较为突出，相关结果表明，互联网相对发展水平的提升更有利于中国低差异化制造行业价值链分工地位的提高。此外，在互联网发挥异质性影响的过程中，制造行业网络密集度所形成的作用也有明显差异。

本书理论机制的分析内容表明，发展互联网有利于强化一国行业的增加值出口优势以及与伙伴国的双边价值链关联优势，继而推动行业价值链分工地位的提升。而本章针对互联网影响中国制造业全球价值链分工地位的机制检验结果表明，互联网的发展主要通过扩大中国制造业增加值中间价值出口优势来促进行业全球价值链分工地位的提升，双边价值关联优势渠道则在互联网影响中国制造业全球价值链分工地位的过程中表现得并不明显。

第七章

结论与政策启示

第一节　主要结论

　　基于已有研究，从理论与实证视角分析论证互联网对中国制造业参与全球价值链分工的重要影响，明确发展互联网所形成的关键作用及机制，对于探寻优化中国制造业参与国际分工表现的新动能有显著的现实意义，也符合当前国际主流分工形态的事实特征。而从行业视角切入开展分析工作，互联网发展对行业所赋予的优势及其在互联网发挥作用过程中所形成的影响也同样值得重点关注。本书以互联网、行业网络密集度与中国制造业全球价值链分工这一问题为研究主线，从双边及行业视角出发，探究互联网对中国制造业参与全球价值链分工的影响，并进一步分析行业网络密集度在此过程中所形成的关键作用，以期在全球价值链分工背景下，论证发展互联网对中国制造业参与国际分工的重要影响，并为明确中国优化价值链分工表现的动力机制提供更为丰富的理论参考与研究视角。

　　理论分析部分，本书重点梳理了研究所涉及的几个关键变量的经济学内涵以及研究工作展开所需的基础理论内容，并在此基础上，探究了互联网对国际贸易活动、全球价值链分工的影响和作用路径，搭建了一个针对互联网影响全球价值链分工的理论机制。研究发现，在理论层面，推动互联网发展水平的提升确实能够促进一国对外贸易的增长，并能深刻影响该国行业的全球价值链分工表现，国际贸易成本削减机制是互联网发挥影响的关键作用渠道，而在此过程中，行业网络密集度的显著作用同样不容忽视，由于制造行业本身存在着网络密集度，本国互联网发展水平与行业网络密集度水平的匹配程度将对互联网影响的发挥形成明显的控制作用。

现状分析部分，本书基于已有研究和关键指标的经济学内涵，对核心变量的评价方法进行介绍，并基于可获得样本数据，对中国与主要伙伴国互联网发展水平进行衡量，同时从行业增加值出口贸易、双边价值链关联程度以及价值链分工地位三个视角对中国制造业全球价值链分工表现开展评价，此外，本书进一步从行业视角出发，对世界样本范围内制造行业网络密集度水平开展测算与比较分析。研究发现，样本期内，中国与主要伙伴国互联网发展水平均有了明显提升，但国家间互联网发展水平差距同样明显，与代表性伙伴国相比，样本初期，中国互联网发展水平较低，但后期增长势头迅猛。在全球价值链分工表现方面，样本期内，中国制造业增加值出口规模获得明显提升，但中间价值出口份额依旧不高，同时，分行业来看，制造业增加值出口贸易规模的形成较多依赖少部分行业的贡献，美国、日本、德国等国家是中国制造业增加值出口的核心市场，这些出口市场中，中国制造业增加值出口贸易的表现与总体情况基本一致；中国与韩国、日本、美国等国家在制造业领域保持着较高的双边价值链关联程度，但因行业差别，双边价值链关联程度也存在明显差异；样本期内，中国制造业价值链分工地位变化趋势总体平稳，但同样，因伙伴国、行业特征等的差别，中国制造业价值链分工地位也会有明显不同。最后，从世界样本范围内制造行业网络密集度的发展情况可知，伴随着全球范围内互联网的发展，制造业参与全球价值链分工过程中，行业网络密集度水平正持续平稳提升，但由于行业自身特征差异，各制造行业网络密集度水平存在明显差别，密集度水平的变化态势也具备较大差异。

实证分析部分，本书结合对已有研究工作的总结以及理论机制的分析结论，构建计量模型，从增加值出口贸易、双边价值链关联以及全球价值链分工地位三个视角出发，就互联网对中国制造业价值链分工表现的影响开展分析，并进一步探究制造行业网络密集度在此过程中所形成的作用，同时，在基准回归的基础上，本书继续进行稳健性和异质性检验工作，并开展进一步分析，就互联网影响形成的作用机制及其可能存在的深层次影响进行探究。研究发现，互联网发展水平的提升有助于中国制造业增加值出口的增长，也有利于中国强化与伙伴国的双边价值链关联程度并提升中国制造业在伙伴国市场中的分工地位，发展互联网确实能够显著优化中国制造业价值链分工表现；而在此过程中，制造行业网络密集度同样发挥着显著影响，中国互联网发展水平与制造行业网络密集度水平差距越小，越有利于互联网促进作用的发挥，中国制造业价值链分工表现也越优；多种视角下的稳健性检验结果表明，本书初步得出的结论相对稳健可靠；进一步的异质性检验结果则显示，由于制造行业内部差异化程度差别的存在，互联网的影响存在显著的差异性，中国互联网发展水平与制造行业网络密集度水平差距的影响也表现出一定的异质性；此外，本书的进一步分析结论表明，互联网的发展主要通过贸易成本削减机制来实现对中国制造业增加值出口贸易以及双边价值链关联的促进作用，而针对中国制造业价值链分工地位，互联网发展的正向影响主要是通过扩大中国制造业增加值中间价值出口优势来实现的；当然，互联网的影响并不止步于此，本书的拓展研究还发现，发展互联网还能缓解中国在制造业增加值出口过程中所面临的先动优势竞争压力，并能降低中国在伙伴国市场中面临的制造业价值链梯度关联压力，从而促进中国制造业后发优势的提升，为进一步优化中国制造业价值链分工表现构筑持续而强劲的驱动力。

第二节　政　策　启　示

本书研究工作有助于丰富互联网与全球价值链分工关系的理论研究内容，同时也能进一步补充中国对外贸易转型升级新动能的理论研究工作，并为明确优化中国价值链分工表现的动力机制提供相关参考。中国应重视互联网发展对全球价值链分工所带来的重要影响，并继续提升互联网综合水平与发展质量，着力发挥互联网发展对优化中国制造业价值链分工表现的重要驱动作用。基于本书分析结论，具体来说，有如下政策启示：

第一，继续加大互联网建设力度，积极推动"互联网 + 价值链贸易"行动计划，保障互联网发展对中国制造业参与全球价值链分工影响的发挥。

本书的研究证实，互联网发展能够显著优化中国制造业价值链分工表现，加快互联网建设，积极提升互联网发展水平已然成为中国制造业高水平参与全球价值链分工的关键举措。而从中国与伙伴国互联网发展水平评价与比较的结果来看，样本后期，中国互联网发展势头迅猛，互联网发展水平已基本处于相对领先位置，但中国与主要伙伴国互联网发展水平所拉开的差距并不大，与主要伙伴国在互联网发展方面依旧呈现相互赶超的基本态势。基于互联网对全球价值链分工的显著影响以及当前中国互联网发展的基本事实，中国仍需继续加大互联网建设力度，为互联网作用的发挥提供前提保障，同时要积极推动其在制造业对外贸易、全球价值链分工领域的实际应用，切实发挥互联网对优化中国制造业价值链分工表现的驱动作用。

具体来说，中国在互联网建设方面，一是要加强互联网基础设施与网络设备建设，基于高尖技术，按照一流标准建设中国新一代信息化基础设施体系；二是要继续完善 IPv6 发展环境，着力打赢 IPv6 升级改造攻坚战，并继续加强 5G 技术的推广和应用，抢占全球互联网发展的制高点；三是要继续加大对以互联网为代表的信息技术产业的投资，以高端人才、高级要素的投入壮大互联网及其相关衍生产业发展格局，提升互联网服务质量；四是要积极优化互联网整体布局，努力打破企业及居民互联网使用的时空障碍，在继续提升互联网普及率的同时，着力解决中国互联网发展过程中存在的区域和城乡发展不平衡问题；五是要坚持网络安全建设不放松，强化互联网安全保障体系。

而针对互联网在全球价值链分工领域的应用问题，中国一方面要继续支持本国企业尤其是本国中小企业的信息化建设，充分利用互联网和信息技术解决中小企业发展过程中面临的难题，提升贸易主体、分工主体在全球价值链、产业链中的作用及分工地位；另一方面要支持云计算、大数据等技术在对外贸易、国际分工领域的应用，支持对外贸易新业态、新模式的发展壮大，扩大互联网在全球价值链分工领域的应用范围和影响力。与此同时，在贸易便利化领域，中国仍需继续推动"互联网＋"行动计划，支持基于互联网服务在报关、查验、缴税、跨境支付等领域实现的改革创新经验向全国复制推广，提升互联网贸易成本削减效应，强化互联网对交易效率的促进作用。

第二，切实把握互联网发展对全球价值链分工的关键影响，合理利用互联网服务，有针对性地优化中国制造业参与全球价值链分工的表现。

基于本书理论与实证分析结论，发展互联网确实有助于中国制造业增加值出口规模的提升，同时也有利于中国加强与伙伴国的双边价值链关联水平，并提高中国在伙伴国市场中的分工地位，但在此过程中，互联网的影响也存在一定的差别，例如，针对制造业增加值出口贸易，互联网对行业中间价值出口影响的显著性要明显高于对最终价值出口的影响。与此同时，基于现状分析的结论可知，中国制造业增加值出口贸易存在中间价值占比较低，而最终价值出口份额较高的事实情况；并且，针对价值链关联以及分工地位问题，由于伙伴国的不同，中国制造业双边价值链关联程度以及在具体伙伴国市场中的分工地位也同样会存在明显差异；此外，因行业差别的存在，中国各制造行业的价值链分工表现也有明显不同。因此，在加大互联网建设力度，积极发挥互联网对全球价值链分工影响的同时，中国也应当注意切实把握互联网影响的关键差别，并合理利用互联网服务，在中国制造业参与全球价值链分工的重点环节有针对性地强化互联网发展所带来的正向作用，从而进一步推动中国制造业价值链分工表现的优化。

具体来说，针对优化制造业增加值出口结构，提升中间价值出口占比的目标，中国应当支持核心技术领域或高技术行业的信息化发展，推动生产数字化转型与智能化发展，引导电商平台提供全流程服务，助力产业攀升全球价值链分工的高端环节，为伙伴国生产提供更多的中间使用价值；针对与重点伙伴国的价值链合作，中国同样要充分发挥互联网的正向作用，通过双边协作，共同提升互联网发展水平，强化与伙伴国的双向联通，为互联网贸易成本削减效应、交易效率提升效应的进一步扩大营造良好环境，保障双边合作关系的稳步推进；针对本国制造业在关键市场或关键分工节点的价值链分工地位提升目标，中国应当积极打造"互联网＋跨境供应链"服务平台，保障行业对国际市场的增加值出口优势，继而进一步提升行业的价值链分工地位。

第三，明确制造行业自身发展特征，重视行业网络密集度在互联网发挥影响过程中的显著作用，有序推进与行业网络密集度水平相匹配的互联网建设工作。

制造业行业网络密集度可以总结为制造业对互联网使用的依赖程度或互联网的使用以及互联网行业的发展对制造业所赋予的优势程度。根据本书研究，制造行业网络密集度在互联网影响中国制造业全球价值链分工表现的过程中发挥着显著影响，中国互联网发展水平与制造行业网络密集度水平差距越小，越有利于互联网促进作用的发挥，中国制造业参与全球价值链分工的表现也越优。因此，在积极促进互联网发展对全球价值链分工影响的同时，中国应当注意互联网发展水平与行业网络密集度水平的适配性，在提升互联网总体发展水平的同时，优化具体行业领域互联网化、信息化发展结构，缩小互联网与行业网络密集度差距，保障互联网正向影响的最大化发挥。

具体来说，针对具备较高网络密集度水平的制造行业，中国应重点完善行业参与国际竞争的互联网平台，并提升交易过程中互联网便捷服务水平，保障互联网对行业赋予的优势得以充分发挥，并基于互联网贸易成本削减机制及市场优势提升机制，进一步优化行业参与全球价值链分工的表现。而针对具备较低网络密集度水平的制造行业，中国应结合本国实际与产业发展战略，支持重点行业信息化发展，继续扩大互联网对行业技术进步、生产效率等方面所赋予的优势，并在行业发展基础上，借助互联网提供的便捷化交易渠道，支持重点行业高水平参与国际竞争。

第四，重视因制造行业内部差异化程度差别而引致的互联网异质性影响，积极采取差异化战略优化不同类别制造行业的价值链分工表现。

本书的异质性检验发现，由于制造行业内部差异化程度差别的存在，互联网的影响也会表现出明显的差异性，而中国互联网发展水平与制造行业网络密集度水平差距的影响也同样有显著的差别。在研究过程中，本书主要基于行业内部差别特征，将参与全球价值链分工的制造业划分为低差异化行业以及高差异化行业两个类别，低差异化行业的内部差异程度较低，产品间的替代弹性较大，贸易产品的技术含量也较低，其主要包含了劳动和资本密集型制造业，而高差异化制造业则主要包含了知识密集型行业，其内部差异程度较高，产品替代弹性较小，贸易产品的技术含量也更高。正是由于两个行业类别自身特征的差别，互联网对中国制造业价值链分工所形成的差异化影响在本书的检验中有显著体现。

基于此，在充分发挥互联网正向影响，优化中国制造业价值链分工表现的过程中，中国应当结合制造行业自身特征，采取差异化措施，有针对性地推进互联网促进效应的扩大。具体来说，针对低差异化制造业，中国应当进一步加强政策引导，着力提升行业产品的技术含量与差异化水平，并通过行业的转型发展来保障行业在参与国际分工过程中的竞争实力与分工水平，继而为互联网影响的发挥奠定行业发展基础。而针对高差异化制造业，由于其自身技术水平和知识密集度相对较高，是国际市场中发展水平相对领先的行业，因此中国要积极借助互联网发展所带来的正向影响，加快占据这些行业领域的竞争优势，抢占制造业国际竞争的战略制高点，为优化中国制造业总体价值链分工表现提供关键驱动力。

第五，关注伙伴国市场因素所带来的影响，科学评估，稳步推进与伙伴国在关键经贸领域的双边合作，为互联网正向影响的发挥营造良好的外部市场环境。

互联网的发展既是全球价值链分工模式形成的关键前提，又为全球价值链分工的深化提供了重要驱动力，并且，根据已有研究，随着传统贸易成本影响的下降以及信息成本、搜寻成本等影响的提升，互联网对全球价值链分工所形成的作用愈发明显。但从本书的研究结果来看，互联网对中国制造业全球价值链分工表现作用的发挥仍会受到其他关键控制变量的影响，其中，除需关注中国自身经济环境因素以及产业发展条件外，伙伴国市场因素所带来的影响同样不容忽视。例如，伙伴国市场需求水平，伙伴国经贸活动开展所面临的市场环境以及伙伴国相同行业所具备的要素禀赋优势、自身的竞争力水平等，这些因素往往是中国制造业在参与增加值贸易、双边价值链合作以及竞争价值链分工地位过程中所面临的外部环境，而在互联网影响中国制造业价值链分工表现的过程中，这些因素同样发挥着显著影响，并会对互联网影响的发挥形成控制作用。

因此，在着力采取有效措施，保障互联网发展以及其正向影响发挥的同时，中国还应当科学评估行业参与国际竞争所面临的外部环境。首先，根据伙伴国市场需求情况，明确行业增加值出口规模及结构调整的目标，并基于互联网信息平台随时为企业提供市场信息指导；其次，要充分评估伙伴国相关行业的竞争实力与优势，并基于此明确双边产业合作的重点，确定双边合作的最优模式；最后，要高度重视双边经贸、政策环境的影响，通过双边经贸合作协商机制，为中国制造业参与国际合作营造良好的外部环境，保障互联网驱动作用的有效发挥。

参考文献

[1] 伯尔蒂尔·奥林. 地区间贸易和国际贸易（修订版）[M]. 王继祖，等译. 北京：首都经济贸易大学出版社，2001.

[2] 陈蓉，郭晓武. 网络经济学发展概述 [J]. 经济学家，2001（5）：114-118.

[3] 大卫·李嘉图. 经济学及赋税之原理 [M]. 郭大力，王亚南，译. 上海：上海三联书店，2014.

[4] 戴翔，宋婕. 中国OFDI的全球价值链构建效应及其空间外溢 [J]. 财经研究，2020，46（5）：125-139.

[5] 戴翔. 中国制造业出口内涵服务价值演进及因素决定 [J]. 经济研究，2016，51（9）：44-57，174.

[6] 段亚丁，车维汉. 国外李嘉图比较优势理论实证研究之评述 [J]. 国际贸易问题，2014（4）：164-172.

[7] 多米尼克·萨瓦尔多. 国际经济学 [M]. 第10版. 杨冰，等译. 北京：清华大学出版社，2011.

[8] 范鑫. 数字经济与出口：基于异质性随机前沿模型的分析 [J]. 世界经济研究，2021（2）：64-76，135.

[9] 冯宗宪，米嘉伟，张军. 中国与"一带一路"国家双边贸易成本测度及其影响因素研究 [J]. 西安交通大学学报（社会科学版），2017，37（4）：36-44.

[10] 耿伟, 杨晓亮. 互联网与企业出口国内增加值率: 理论和来自中国的经验证据 [J]. 国际经贸探索, 2019, 35 (10): 16 – 35.

[11] 郭家堂, 骆品亮. 互联网对中国全要素生产率有促进作用吗? [J]. 管理世界, 2016 (10): 34 – 49.

[12] 郭然, 原毅军, 张涌鑫. 互联网发展、技术创新与制造业国际竞争力: 基于跨国数据的经验分析 [J]. 经济问题探索, 2021 (1): 171 – 180.

[13] 国家统计局统计科研所信息化统计评价研究组, 杨京英, 熊友达, 安筱鹏, 等. 信息化发展指数优化研究报告 [J]. 管理世界, 2011 (12): 1 – 11.

[14] 韩剑, 冯帆, 姜晓运. 互联网发展与全球价值链嵌入: 基于 GVC 指数的跨国经验研究 [J]. 南开经济研究, 2018 (4): 21 – 35, 52.

[15] 韩先锋, 宋文飞, 李勃昕. 互联网能成为中国区域创新效率提升的新动能吗 [J]. 中国工业经济, 2019 (7): 119 – 136.

[16] 韩玉军, 李子尧. 互联网普及与国际贸易: 基于出口方视角的研究 [J]. 国际经贸探索, 2020, 36 (10): 22 – 39.

[17] 何大安. 互联网应用扩张与微观经济学基础: 基于未来 "数据与数据对话" 的理论解说 [J]. 经济研究, 2018, 53 (8): 177 – 192.

[18] 洪俊杰, 商辉. 中国开放型经济的 "共轭环流论": 理论与证据 [J]. 中国社会科学, 2019 (1): 42 – 64, 205.

[19] 洪银兴. 参与全球经济治理: 攀升全球价值链中高端 [J]. 南京大学学报 (哲学·人文科学·社会科学), 2017, 54 (4): 13 – 23, 157.

[20] 胡馨月, 宋学印. 互联网与中国出口集合扩张: 搜寻效应及其双面性 [J]. 国际商务 (对外经济贸易大学学报), 2020 (3): 53 – 70.

[21] 黄群慧, 余泳泽, 张松林. 互联网发展与制造业生产率提升: 内在机制与中国经验 [J]. 中国工业经济, 2019 (8): 5 – 23.

[22] 江小涓. 我国出口商品结构的决定因素和变化趋势 [J]. 经济研究, 2007 (5): 4 – 16.

[23] 鞠雪楠, 赵宣凯, 孙宝文. 跨境电商平台克服了哪些贸易成本?: 来自

"敦煌网"数据的经验证据 [J]. 经济研究, 2020, 55 (2): 181-196.

[24] 李兵, 李柔. 互联网与企业出口: 来自中国工业企业的微观经验证据 [J]. 世界经济, 2017, 40 (7): 102-125.

[25] 李金城, 周咪咪. 互联网能否提升一国制造业出口复杂度 [J]. 国际经贸探索, 2017, 33 (4): 24-38.

[26] 李坤望, 邵文波, 王永进. 信息化密度、信息基础设施与企业出口绩效: 基于企业异质性的理论与实证分析 [J]. 管理世界, 2015 (4): 52-65.

[27] 李坤望, 王永进. 契约执行效率与地区出口绩效差异: 基于行业特征的经验分析 [J]. 经济学 (季刊), 2010, 9 (3): 1007-1028.

[28] 李文秀, 姚洋洋. 要素比例、技术差异与出口增加值: 基于中美两国双边贸易出口的实证研究 [J]. 财贸经济, 2015 (6): 98-111.

[29] 李小帆, 马弘. 服务业 FDI 管制与出口国内增加值: 来自跨国面板的证据 [J]. 世界经济, 2019, 42 (5): 123-144.

[30] 李小平, 周记顺, 王树柏. 中国制造业出口复杂度的提升和制造业增长 [J]. 世界经济, 2015, 38 (2): 31-57.

[31] 廖涵, 谢靖. "性价比"与出口增长: 中国出口奇迹的新解读 [J]. 世界经济, 2018, 41 (2): 95-120.

[32] 林梦瑶, 张中元. 物流设施质量对中国参与全球价值链的影响 [J]. 经济评论, 2019 (2): 3-16.

[33] 刘斌, 顾聪. 互联网是否驱动了双边价值链关联 [J]. 中国工业经济, 2019 (11): 98-116.

[34] 刘斌, 王杰, 魏倩. 对外直接投资与价值链参与: 分工地位与升级模式 [J]. 数量经济技术经济研究, 2015, 32 (12): 39-56.

[35] 刘斌, 王乃嘉, 屠新泉. 贸易便利化是否提高了出口中的返回增加值 [J]. 世界经济, 2018, 41 (8): 103-128.

[36] 刘琳. 中国出口存在"Rodrik 悖论"么? [J]. 国际经贸探索, 2015, 31 (5): 4-17.

[37] 卢福财,金环.互联网是否促进了制造业产品升级:基于技术复杂度的分析 [J].财贸经济,2020,41 (5):99－115.

[38] 罗长远,张军.附加值贸易:基于中国的实证分析 [J].经济研究,2014,49 (6):4－17,43.

[39] 罗长远,智艳.中国外贸转型升级与"自贸区"建设探析:兼论上海自由贸易试验区的功能与角色 [J].复旦学报(社会科学版),2014,56 (1):139－146.

[40] 罗来军,罗雨泽,刘畅,等.基于引力模型重新推导的双边国际贸易检验 [J].世界经济,2014,37 (12):67－94.

[41] 马淑琴,谢杰.网络基础设施与制造业出口产品技术含量:跨国数据的动态面板系统 GMM 检验 [J].中国工业经济,2013 (2):70－82.

[42] 毛日昇,魏浩.所有权特征、技术密集度与 FDI 技术效率外溢 [J].管理世界,2007 (10):31－42.

[43] 孟祺.互联网对国际贸易的影响:集约边际抑或扩展边际 [J].当代财经,2017 (9):100－108.

[44] 潘家栋,肖文.互联网发展对我国出口贸易的影响研究 [J].国际贸易问题,2018 (12):16－26.

[45] 潘申彪,王剑斌.互联网发展差距对"一带一路"沿线主要国家出口贸易的影响研究 [J].国际商务(对外经济贸易大学学报),2018 (3):70－84.

[46] 裴长洪,刘斌.中国对外贸易的动能转换与国际竞争新优势的形成 [J].经济研究,2019,54 (5):4－15.

[47] 裴秋蕊.我国出口型代工中小企业升级路径研究:基于互联网经济时代全球价值链视角 [J].国际商务(对外经济贸易大学学报),2017 (2):143－152.

[48] 钱学锋,梁琦.测度中国与 G-7 的双边贸易成本:一个改进引力模型方法的应用 [J].数量经济技术经济研究,2008 (2):53－62.

[49] 邱斌,尹威.中国制造业出口是否存在本土市场效应 [J].世界经济,

2010, 33 (7): 44 - 63.

[50] 茹玉骢. 基础设施供给、产业异质性与比较优势 [J]. 国际贸易问题, 2015 (7): 12 - 24.

[51] 沈国兵, 袁征宇. 企业互联网化对中国企业创新及出口的影响 [J]. 经济研究, 2020, 55 (1): 33 - 48.

[52] 盛新宇, 赵鲁南, 许晓军. 生产性服务进口、进口制度密集度与制造业服务化发展 [J]. 国际商务 (对外经济贸易大学学报), 2020 (5): 49 - 61.

[53] 盛骤, 谢式千, 潘承毅. 概率论与数理统计 [M]. 北京: 高等教育出版社, 2008.

[54] 施炳展. 互联网与国际贸易: 基于双边双向网址链接数据的经验分析 [J]. 经济研究, 2016, 51 (5): 172 - 187.

[55] 施炳展, 金祥义. 注意力配置、互联网搜索与国际贸易 [J]. 经济研究, 2019, 54 (11): 71 - 86.

[56] 施炳展, 李建桐. 互联网是否促进了分工: 来自中国制造业企业的证据 [J]. 管理世界, 2020, 36 (4): 130 - 149.

[57] 石良平, 王素云. 互联网促进我国对外贸易发展的机理分析: 基于 31 个省市的面板数据实证 [J]. 世界经济研究, 2018 (12): 48 - 59, 132 - 133.

[58] 石喜爱, 李廉水, 程中华, 等. "互联网 +" 对中国制造业价值链攀升的影响分析 [J]. 科学学研究, 2018, 36 (8): 1384 - 1394.

[59] 孙楚仁, 王松, 陈瑾. 国家制度、行业制度密集度与出口比较优势 [J]. 国际贸易问题, 2018 (2): 33 - 42.

[60] 孙楚仁, 王松, 赵瑞丽. 制度好的省份会出口制度更密集的产品吗? [J]. 南开经济研究, 2014 (5): 92 - 114.

[61] 谭用, 孙浦阳, 胡雪波, 等. 互联网、信息外溢与进口绩效: 理论分析与经验研究 [J]. 世界经济, 2019, 42 (12): 77 - 98.

[62] 佟家栋, 杨俊. 互联网对中国制造业进口企业创新的影响 [J]. 国际贸

易问题, 2019 (11): 1-15.

[63] 托马斯·孟. 英国得自对外贸易的财富 [M]. 袁南宇, 译. 北京: 商务印书馆, 1981.

[64] 汪东芳, 曹建华. 互联网发展对中国全要素能源效率的影响及网络效应研究 [J]. 中国人口·资源与环境, 2019, 29 (1): 86-95.

[65] 王波, 甄峰. 互联网下的我国城市等级体系及其作用机制: 基于百度搜索的实证分析 [J]. 经济地理, 2016, 36 (1): 46-52.

[66] 王厚双, 盛新宇. 德国制造业参与全球价值链分工特征及对中国的启示 [J]. 经济体制改革, 2020 (3): 160-166.

[67] 王厚双, 盛新宇. 服务化对制造业产品出口价格的影响分析 [J]. 当代财经, 2019 (9): 95-108.

[68] 王厚双, 盛新宇, 赵鲁南. 生产性服务进口、服务化与制造业出口增加值 [J]. 贵州财经大学学报, 2020 (6): 11-19.

[69] 王梦颖, 张诚. 数字产品进口与服务出口升级: 基于跨国面板的分析 [J]. 国际经贸探索, 2021, 37 (8): 38-52.

[70] 王欠欠, 夏杰长. 互联网发展对全球价值链贸易的影响评估 [J]. 改革, 2018 (9): 142-150.

[71] 王直, 魏尚进, 祝坤福. 总贸易核算法: 官方贸易统计与全球价值链的度量 [J]. 中国社会科学, 2015 (9): 108-127, 205-206.

[72] 魏龙, 王磊. 从嵌入全球价值链到主导区域价值链: "一带一路" 战略的经济可行性分析 [J]. 国际贸易问题, 2016 (5): 104-115.

[73] 乌家培. 网络经济及其对经济理论的影响 [J]. 学术研究, 2000 (1): 4-10.

[74] 吴小康. 国际贸易中的同质和差异产品分类: 小问题也可以有大贡献 [J]. 国际经贸探索, 2015, 31 (5): 18-33.

[75] 奚广庆. 新兴经济体崛起的世界历史内涵和意义 [J]. 当代世界社会主义问题, 2012 (2): 49-59.

[76] 夏杰长, 王欠欠. 互联网发展对双边旅游贸易的影响评估 [J]. 改革,

2019（2）：136 - 148.

[77] 幸炜，李长英，沈伟. 增加值贸易视角下全球价值链双边嵌套特征及其动态演进 [J]. 世界经济研究，2018（4）：110 - 122，137.

[78] 许德友，梁琦，张文武. 中国对外贸易成本的测度方法与决定因素：一个基于面板数据的衡量 [J]. 世界经济文汇，2010（6）：1 - 13.

[79] 亚当·斯密. 国民财富的性质和原因的研究 [M]. 郭大力，王亚南，译. 北京：商务印书馆，2009.

[80] 杨德明，刘泳文. "互联网 +" 为什么加出了业绩 [J]. 中国工业经济，2018（5）：80 - 98.

[81] 杨小凯，张永生. 新兴古典经济学与超边际分析 [M]. 北京：社会科学文献出版社，2003.

[82] 姚枝仲. 贸易强国的测度：理论与方法 [J]. 世界经济，2019，42（10）：3 - 22.

[83] 尹伟华. 中国制造业产品全球价值链的分解分析：基于世界投入产出表视角 [J]. 世界经济研究，2016（1）：66 - 75，136.

[84] 余长林. 知识产权保护与中国出口比较优势 [J]. 管理世界，2016（6）：51 - 66.

[85] 岳云嵩，李兵，李柔. 互联网会提高企业进口技术复杂度吗：基于倍差匹配的经验研究 [J]. 国际贸易问题，2016（12）：131 - 141.

[86] 张辽，王俊杰. 信息化密度、信息技术能力与制造业全球价值链攀升 [J]. 国际贸易问题，2020（6）：111 - 126.

[87] 张奕芳. 互联网贸易红利能否弥补人口红利：基于福利效应的内生贸易模型及中国经验 [J]. 国际贸易问题，2018（7）：15 - 27.

[88] 张奕芳. 互联网内生贸易、网址链接数据与增长边际效应：理论模型及来自中国的经验证据 [J]. 当代财经，2017（9）：91 - 99.

[89] 张毓卿，周才云. 中国对外贸易成本的测度及其影响因素：基于面板数据模型的实证分析 [J]. 经济学家，2015（9）：11 - 20.

[90] 赵维，邓富华，霍伟东. "一带一路" 沿线国家互联网基础设施的贸易

效应：基于贸易成本和全要素生产率的中介效应分析 [J]. 重庆大学学报（社会科学版），2020，26（3）：19-33.

[91] 郑淑芳，谢会强，刘冬冬. 经济政策不确定性对中国制造业价值链嵌入的影响研究 [J]. 国际贸易问题，2020（4）：69-85.

[92] 祝树金，段凡，邵小快，等. 出口目的地非正式制度、普遍道德水平与出口产品质量 [J]. 世界经济，2019，42（8）：121-145.

[93] Abdulqadir I A, Asongu S A. The Asymmetric Effect of Internet Access on Economic Growth in Sub-Saharan Africa: Insight from a Dynamic Panel Threshold Regression [R]. Yaoundé: AGDI Working Paper, No. WP/21/014, 2021.

[94] Anderson J E, van Wincoop E. Gravity with Gravitas: A Solution to the Border Puzzle [J]. The American Economic Review, 2003, 93（1）: 170-192.

[95] Anderson J E, van Wincoop E. Trade Costs [J]. Journal of Economic Literature, 2004, 42（3）: 691-751.

[96] Ater I, Orlov E. The Effect of the Internet on Performance and Quality: Evidence from the Airline Industry [J]. The Review of Economics and Statistics, 2015, 97（1）: 180-194.

[97] Balassa B. Trade Liberalization among Industrial Countries Objectives and Alternatives [M]. New York: McGraw-Hill Book Company, 1967.

[98] Baldwin R. Global Supply Chains: Why They Emerged, Why They Matter, and Where They are Going [R]. Geneva: CTEI Working Papers, No. 13, 2012.

[99] Bas M, Causa O. Trade and Product Market Policies in Upstream Sectors and Productivity in Downstream Sectors: Firm-Level Evidence from China [J]. Journal of Comparative Economics, 2013, 41（3）: 843-862.

[100] Bernard A B, Eaton J, Jensen J B, et al. Plants and Productivity in International Trade [J]. The American Economic Review, 2003, 93（4）:

1268 – 1290.

[101] Bernard A B, Redding S J, Schott P K. Multi-Product Firms and Trade Lib-eralization [R]. Cambridge: NBER Working Paper, No. 12782, 2006.

[102] Bertschek I, Briglauer W, Hüschelrath K, et al. The Economic Impacts of Telecommunications Networks and Broadband Internet: A Survey [R]. Mannheim: ZEW Discussion Paper, No. 16-056, 2016.

[103] Bianchi C, Mathews S. Internet Marketing and Export Market Growth in Chile [J]. Journal of Business Research, 2016, 69 (2): 426 – 434.

[104] Blyde J, Molina D. Logistic Infrastructure and the International Location of Fragmented Production [J]. Journal of International Economics, 2015, 95 (2): 319 – 332.

[105] Caliendo L, Parro F. Estimates of the Trade and Welfare Effects of NAFTA [R]. Cambridge: NBER Working Paper, No. 18508, 2012.

[106] Choi C. The Effect of the Internet on Service Trade [J]. Economics Letters, 2010, 109 (2): 102 – 104.

[107] Choi C, Yi M H. The Effect of the Internet on Economic Growth: Evidence from Cross-Country Panel Data [J]. Economics Letters, 2009, 105 (1): 39 – 41.

[108] Chung C J. The Geography of Global Internet Hyperlinks and Culture Con-tent Analysis [D]. Buffalo: University at Buffalo, 2011.

[109] Clarke G R G. Has the Internet Increased Exports for Firms from Low and Middle-Income Countries? [J]. Information Economics and Policy, 2008, 20 (1): 16 – 37.

[110] Clarke G R G, Wallsten S J. Has the Internet Increased Trade? Developed and Developing Country Evidence [J]. Economic Inquiry, 2006, 44 (3): 465 – 484.

[111] Coase R H. The Nature of the Firm [J]. Economica, 1937, 4 (16): 386 – 405.

[112] Crampes C, Laffont J J. Transport Pricing in the Electricity Industry [J]. Oxford Review of Economic Policy, 2001, 17 (3): 313 – 328.

[113] Deardorff A V. Determinants of Bilateral Trade: Does Gravity Work in a Neoclassical World? [C]//Frankel J A. The Regionalization of the World Economy. Cambridge: National Bureau of Economic Research Inc, 1998: 7 – 31.

[114] Dornbusch R, Fischer S, Samuelson P A. Comparative Advantage, Trade, and Payments in a Ricardian Model with a Continuum of Goods [J]. The American Economic Review, 1977, 67 (5): 823 – 839.

[115] Eaton J, Kortum S. Technology, Geography, and Trade [J]. Econometrica, 2002, 70 (5): 1741 – 1779.

[116] Edgington D W, Hayter R. International Trade, Production Chains and Corporate Stategies: Japan's Timber Trade with British Columbia [J]. Regional Studies, 1997, 31 (2): 151 – 166.

[117] Epo B N, Nguenkwe R B. Information and Communication Technology and Intra-Regional Trade in the Economic Community of West African States: Ambivalent or Complementary? [J]. Economics Bulletin, 2020, 40 (2): 1397 – 1412.

[118] Ernst D, Guerrieri P. International Production Networks and Changing Trade Patterns in East Asia: The Case of the Electronics Industry [J]. Oxford Development Studies, 1998, 26 (2): 191 – 212.

[119] Fernandes A M, Mattoo A, Nguyen H, et al. The Internet and Chinese Exports in the Pre-Ali Baba Era [J]. Journal of Development Economics, 2019, 138 (C): 57 – 76.

[120] Freund C L, Weinhold D. The Effect of the Internet on International Trade [J]. Journal of International Economics, 2004, 62 (1): 171 – 189.

[121] Friedman T L. The Lexus and the Olive Tree [M]. New York: Anchor Books Inc, 1999.

[122] Gani A, Clemes M D. Modeling the Effect of the Domestic Business Environment on Services Trade [J]. Economic Modelling, 2013, 35 (C): 297 – 304.

[123] Ghose A, Mukhopadhyay T, Rajan U. The Impact of Internet Referral Services on a Supply Chain [J]. Information Systems Research, 2007, 18 (3): 300 – 319.

[124] Gnangnon S K. Effect of the Internet on Services Export Diversification [J]. Journal of Economic Integration, 2020, 35 (3): 519 – 558.

[125] Grimes A, Ren C, Stevens P. The Need for Speed: Impacts of Internet Connectivity on Firm Productivity [J]. Journal of Productivity Analysis, 2012, 37 (2): 187 – 201.

[126] Hausmann R, Hidalgo C A. The Network Structure of Economic Output [J]. Journal of Economic Growth, 2011, 16 (4): 309 – 342.

[127] Hausmann R, Hwang J, Rodrik D. What You Export Matters [J]. Journal of Economic Growth, 2007, 12 (1): 1 – 25.

[128] Henderson J, Dicken P, Hess M, et al. Global Production Networks and the Analysis of Economic Development [J]. Review of International Political Economy, 2002, 9 (3): 436 – 464.

[129] Huang X, Song X, Hu X. Does "Internet Plus" Promote New Export Space for Firms? Evidence from China [J]. China & World Economy, 2018, 26 (6): 50 – 71.

[130] Huang X, Song X. Internet Use and Export Upgrading: Firm-Level Evidence from China [J]. Review of International Economics, 2019, 27 (4): 1126 – 1147.

[131] Hummels D, Ishii J, Yi K M. The Nature and Growth of Vertical Specialization in World Trade [J]. Journal of International Economics, 2001, 54 (1): 75 – 96.

[132] Hummels D. Toward a Geography of Trade Costs [R]. West Lafayette:

GTAP Working Papers, No. 1162, 1999.

[133] Humphrey J, Schmitz H. How does Insertion in Global Value Chains Affect Upgrading in Industrial Clusters? [J]. Regional Studies, 2002, 36 (9): 1017 – 1027.

[134] Jorgenson D W, Stiroh K. Computers and Growth [J]. Economics of Innovation & New Technology, 1995, 3 (3 – 4): 295 – 316.

[135] Katz M L, Shapiro C. Network Externalities, Competition, and Compatibility [J]. The American Economic Review, 1985, 75 (3): 424 – 440.

[136] Koopman R, Powers W, Wang Z, et al. Give Credit Where Credit is Due: Tracing Value Added in Global Production Chains [R]. Cambridge: NBER Working Paper, No. 16426, 2010.

[137] Koopman R, Wang Z, Wei S J. Tracing Value-Added and Double Counting in Gross Exports [J]. The American Economic Review, 2014, 104 (2): 459 – 494.

[138] Krueger A B. How Computers have Changed the Wage Structure: Evidence from Microdata, 1984 – 1989 [J]. The Quarterly Journal of Economics, 1993, 108 (1): 33 – 60.

[139] Krugman P. Growing World Trade: Causes and Consequences [J]. Brookings Papers on Economic Activity, 1995, 26 (1): 327 – 377.

[140] Krugman P. Scale Economies, Product Differentiation, and the Pattern of Trade [J]. The American Economic Review, 1980, 70 (5): 950 – 959.

[141] Lanz R, Lundquist K, Mansio G, et al. E-commerce and Developing Country-SME Participation in Global Value Chains [R]. Geneva: WTO Staff Working Papers, No. ERSD-2018-13, 2018.

[142] Lapatinas A. The Effect of the Internet on Economic Sophistication: An Empirical Analysis [J]. Economics Letters, 2019, 174 (C): 35 – 38.

[143] Lee J. Network Effects on International Trade [J]. Economics Letters, 2012, 116 (2): 199 – 201.

[144] Lendle A, Vézina P L. Internet Technology and the Extensive Margin of Trade: Evidence from Ebay in Emerging Economies [J]. 2015, 19 (2): 375 – 386.

[145] Levchenko A A. Institutional Quality and International Trade [J]. Review of Economic Studies, 2007, 74 (3): 791 – 819.

[146] Limao N, Venables A J. Infrastructure, Geographical Disadvantage, Transport Costs, and Trade [J]. The World Bank Economic Review, 2001, 15 (3): 451 – 479.

[147] Lin F. Estimating the Effect of the Internet on International Trade [J]. The Journal of International Trade & Economic Development, 2015, 24 (3): 409 – 428.

[148] Little I, Wright J. Peering and Settlement in the Internet: An Economic Analysis [J]. Journal of Regulatory Economics, 2000, 18 (2): 151 – 173.

[149] Liu L, Nath H K. Information and Communications Technology and Trade in Emerging Market Economies [J]. Emerging Markets Finance and Trade, 2013, 49 (6): 67 – 87.

[150] McCallum J. National Borders Matter: Canada-U. S. Regional Trade Patterns [J]. The American Economic Review, 1995, 85 (3): 615 – 623.

[151] Meijers H. Does the Internet Generate Economic Growth, International Trade, or Both? [J]. International Economics and Economic Policy, 2014, 11 (1): 137 – 163.

[152] Melitz M J. The Impact of Trade on Intra-Industry Reallocations and Aggregate Industry Productivity [J]. Econometrica, 2003, 71 (6): 1695 – 1725.

[153] Meltzer J P. The Internet, Cross-Border Data Flows and International Trade [J]. Asia and the Pacific Policy Studies, 2015, 2 (1): 90 – 102.

[154] Minhas B S. The Homohypallagic Production Function, Factor-Intensity Re-

versals, and the Heckscher-Ohlin Theorem [J]. Journal of Political Economy, 1962, 70 (2): 138 – 156.

[155] Najarzadeh R, Rahimzadeh F, Reed M. Does the Internet Increase Labor Productivity? Evidence from a Cross-Country Dynamic Panel [J]. Journal of Policy Modeling, 2014, 36 (6): 986 – 993.

[156] Nath H K, Liu L. Information and Communications Technology (ICT) and Services Trade [J]. Information Economics and Policy, 2017, 41 (C): 81 – 87.

[157] Navarro L. The Impact of Internet Use on Individual Earnings in Latin America [R]. La Paz: Development Research Working Paper, No. 11, 2010.

[158] Novy D. Gravity Redux: Measuring International Trade Costs with Panel Data [J]. Economic Inquiry, 2013, 51 (1): 101 – 121.

[159] Novy D. Is the Iceberg Melting Less Quickly? International Trade Costs after World War Ⅱ [R]. Warwickshire: Warwick Economic Research Paper, No. 764, 2006.

[160] Nunn N, Qian N. US Food Aid and Civil Conflict [J]. The American Economic Review, 2014, 104 (6): 1630 – 1666.

[161] Nunn N. Relationship-Specificity, Incomplete Contracts, and the Pattern of Trade [J]. The Quarterly Journal of Economics, 2007, 122 (2): 569 – 600.

[162] Ohlin B. Interregional and International Trade [M]. Cambridge: Harvard University Press, 1933.

[163] Oliner S D, Sichel D E. Computers and Output Growth Revisited: How Big is the Puzzle? [J]. Brookings Papers on Economic Activity, 1994, 25 (2): 273 – 334.

[164] Osnago A, Tan S W. Disaggregating the Impact of the Internet on International Trade [R]. Washington: The World Bank Policy Research Working Paper, No. 7785, 2016.

[165] Pantea S, Martens B. The Value of the Internet for Consumers [R]. Seville: JRC Working Papers, No. 2014/08, 2014.

[166] Pomfret R. Global Production Networks, New Trade Technologies and the Challenge for International Institutions [J]. Foreign Trade Review, 2020, 55 (1): 21 –41.

[167] Porter M E. The Competitive Advantages of Nation [M]. New York: The Free Press, 1990.

[168] Rauch J E. Networks Versus Markets in International Trade [J]. Journal of International Economics, 1999, 48 (1): 7 –35.

[169] Ricci L A, Trionfetti F. Productivity, Networks, and Export Performance: Evidence from a Cross-Country Firm Dataset [J]. Review of International Economics, 2012, 20 (3): 552 –562.

[170] Robinson W T, Fornell C. Sources of Market Pioneer Advantages in Consumer Goods Industries [J]. Journal of Marketing Research, 1985, 22 (3): 305 –317.

[171] Rose A K. One Money, One Market: The Effect of Common Currencies on Trade [J]. Economic Policy, 2000, 15 (30): 8 –45.

[172] Salahuddin M, Alam K, Ozturk I. The Effects of Internet Usage and Economic Growth on CO_2 Emissions in OECD Countries: A Panel Investigation [J]. Renewable and Sustainable Energy Reviews, 2016, 62 (C): 1226 – 1235.

[173] Sherman A E. Trends in Telecommunications Technology [J]. Journal of the American Society for Information Science, 1986, 37 (6): 414 –417.

[174] Stevenson B. The Internet and Job Search [R]. Cambridge: NBER Working Paper, No. 13886, 2008.

[175] Swan T T, Swan B Q, Zhang Z. Exploring New Internet Measurements on International Trade and Global Human Resources [J]. Journal of Economic Studies, 2020, 48 (2): 428 –448.

[176] Szalavetz A. "Tertiarization" of Manufacturing Industry in the New Econo-my-Experiences in Hungarian Companies [R]. Budapest: IWE Working Papers, No. 134, 2003.

[177] Tang L. Communication Costs and Trade of Differentiated Goods [J]. Review of International Economics, 2006, 14 (1): 54 – 68.

[178] Timmis J. Internet Adoption and Firm Exports in Developing Economies [R]. Nottingham: GEP Research Paper, No. 2013/05, 2013.

[179] Tripathi M, Inani S K. Does Internet Affect Economic Growth in Sub-Saharan Africa? [J]. Economics Bulletin, 2016, 36 (4): 1993 – 2002.

[180] Triplett J E. The Solow Productivity Paradox: What do Computers do to Productivity [J]. The Canadian Journal of Economics, 1999, 32 (2): 309 – 334.

[181] Upward R, Wang Z, Zheng J. Weighing China's Export Basket: The Domestic Content and Technology Intensity of Chinese Exports [J]. Journal of Comparative Economics, 2013, 41 (2): 527 – 543.

[182] van den Berg M, van Marrewijk C. Imports and Productivity: The Impact of Geography and Factor Intensity [J]. The Journal of International Trade & Economic Development, 2017, 26 (4): 425 – 450.

[183] Vanek J. The Factor Proportions Theory: The N-Factor Case [J]. Kyklos, 1968, 21 (4): 749 – 756.

[184] Van Long N, Riezman R, Soubeyran A. Fragmentation and Services [J]. North American Journal of Economics and Finance, 2005, 16 (1): 137 – 152.

[185] Vemuri V K, Siddiqi S. Impact of Commercialization of the Internet on International Trade: A Panel Study Using the Extended Gravity Model [J]. The International Trade Journal, 2009, 23 (4): 458 – 484.

[186] Vichyanond J. Intellectual Property Protection and Patterns of Trade [R]. Princeton: CEPS Working Paper, No. 197, 2009.

[187] Visser R. The Effect of the Internet on the Margins of Trade [J]. Informa-tion Economics and Policy, 2019, 46 (C): 41 – 54.

[188] Wang M L, Choi C H. How Information and Communication Technology Af-fect International Trade: A Comparative Analysis of BRICS Countries [J]. Information Technology for Development, 2019, 25 (3): 455 – 474.

[189] Wang Z, Wei S J, Zhu K. Quantifying International Production Sharing at the Bilateral and Sector Levels [R]. Cambridge: NBER Working Paper, No. 19677, 2013.

[190] Ward M R. The Effect of the Internet on Political Institutions [J]. Industrial and Corporate Change, 1996, 5 (4): 1127 – 1141.

[191] Williamson O E. Market and Hierarchies: Analysis and Antitrust Implica-tions [M]. New York: The Free Press, 1975.

[192] Wilson J S, Mann C L, Otsuki T. Trade Facilitation and Economic Devel-opment: A New Approach to Quantifying the Impact [J]. World Bank Eco-nomic Review, 2003, 17 (3): 367 – 389.

[193] Yadav N. The Role of Internet Use on International Trade: Evidence from Asian and Sub-Saharan African Enterprises [J]. Global Economy Journal, 2014, 14 (2): 189 – 214.

[194] Yi K M. Can Vertical Specialization Explain the Growth of World Trade? [J]. Journal of Political Economy, 2003, 111 (1): 52 – 102.

[195] Yushkova E. Impact of ICT on Trade in Different Technology Groups: Anal-ysis and Implications [J]. International Economics and Economic Policy, 2014, 11 (1): 165 – 177.

[196] Zaki C. How Does Trade Facilitation Affect International Trade? [J]. The European Journal of Development Research, 2015, 27 (1): 156 – 185.

后　记

　　本书是在我的博士毕业论文基础上修改而成，后由南通大学人文社科精品著作出版基金资助出版。书稿主体内容是在我的博士研究生导师、辽宁大学教授王厚双的悉心指导下完成的。主体内容撰写过程曾面临诸多困难与挑战，感谢王老师对本书写作所给予的指导和帮助。

　　本书的顺利出版亦离不开众多名师的帮助指导。我的硕士研究生导师、辽宁大学教授刘向丽在我硕士研究生学习阶段给予了我无私的指导，让我能够掌握必要的研究方法，并能对专业问题开展独立思考。辽宁大学孙丽教授多次对我的研究工作给予了专业指导。高广鑫副教授、曲国明副教授、沈树明副教授等优秀教师为我早期的专业知识积累提供了极大帮助，也为我在专业学习、学术研究乃至个人成长方面提供了重要建议。辽宁大学崔日明教授、刘钧霆教授、刘志中教授、李丹教授、邢源源教授、马树才教授、叶满城教授、关宇教授等在我博士研究生学习生涯中授予我丰富的专业知识，使我在本书的研究工作中少走了许多弯路。马淑琴教授、孙楚仁教授、丁一兵教授、黄庆波教授等众多具备深厚学术造诣的专家对本书的研究提出了许多颇具建设性的建议，在此表示衷心感谢。

　　本书前期成果及阶段性成果发表过程中，曾收到诸多知名学术期刊匿名评审专家的建设性建议和意见，在此表示谢意。撰写本书时，参考了诸多专家、学者的著作，并引用了相关学者的研究成果。在此一并表示感谢。

　　本书研究工作的顺利展开也离不开我博士同窗的启发和建议，离不开学术研讨过程中所结交的各位良友的互动支持，同时感谢我的家人对我在本书研究过程中所给予的各方面支持和帮助。

最终的出版离不开经济科学出版社各位专家老师的指导和辛苦付出，离不开南通大学各位领导和同事的帮助支持。在此致以真诚的谢意。

由于本人学术水平所限，本书可能存在诸多不足之处，恳请各位读者批评指正，祈请各位专家学者不吝赐教。

盛新宇

二○二四年五月